中国の覇権主義

–中国の国体とは–

June Chee

風詠社

【はじめに】

悲惨な戦争や人種差別などの負の歴史を経ながら、人類はようやく民主主義や基本的人権の尊重、表現や思想・信教の自由という貴重な権利を勝ち取りつつあった。

ところが、中国、ロシア、朝鮮などの国々が自己の権益のみを追求する為、世界の議会とも言える国連すら尊重せず、前世紀的な独裁主義や不当な行為を自国内のみならず他国へも行使しようとしている。

現在、世界に最も影響力を持つ国の一つとなった中国だが、習近平政権発足後、日中関係が悪化の一途を辿っている。その要因は30年以上前からあったと言っていいだろう。

六四（天安門事件）後の政治教育の強化と90年代以降の急成長に伴い、中国は歴史ある文明国家として、世界に確固たる地位を築こうという野心が肥大していった。そして、中共を中心とした全体主義強化の手軽なツールとして狭隘な民族主義と日中友好条約の精神に背く反日教育を推進し、中国人民を洗脳し続けてきた。

そして、日中関係だけにとどまらず、香港50年自治の反古、ウイグル民族など少数民族に対する迫害や文化的・民族的ジェノサイド、南沙諸島での軍事施設建設、日本海域や台湾への度重なる領海・領空侵犯などの挑発行為、先進国の政治家の買収・スパイ活動と先端技術の奪取、意に沿わない国々への恫喝や圧力など覇権行為を先鋭化させ、世界においてネガティブな影響が広がっている。

今後、米欧印豪日等との外交関係や安保体制の強化を急ぐ必要があるが、中国という国・民族性を本質的に把握し、対中関係において、抜本的かつ効果的な対策を打たなければ、人権保護、思想・宗教・表現の自由とアジアや世界平和の維持はますます難しくなるであろう。

民主主義国家に生きる人々は上述した中国の覇権行動を他人事と考え、ただ傍観するだけでは、前世紀においてナチスの跋扈を許した同じ過ちを繰り返すことになる。

日本はいまだに景気回復もできず、日銀に国債を買わせ、莫大な借金を増やし続け、不健全な財政で軍事費を増やすための原資も乏しい中、米欧印豪プラス東南アジア等との安保体系強化が必要であることに加え、軍事独裁主義や権威主義を進める国々に対して、それらの国力を弱める為に経済的に追い詰める、つまり、徹底した経済制裁を行うことが急務と考える。たとえ一時的に経済面で影響が出ようと、中国などの国力を削ぐ為には「肉を切らせて骨を断つ」決意が必要である。

又、国際世論を高め、外交的にも国連の常任理事国というポストと彼らの拒否権を廃止する必要もある。

最終的には、各国・各民族同士が尊重し、領土や文化を絶対に侵さず、それぞれが個性と特性を発揮し、調和し、補い合い、共存・共生していくことができる国際関係を構築していく必要があると考える。

数多《あまた》出版されている中国関係の論説を見ると、中国は豊かになり、共産主義政権が崩壊すれば民主化できるとか、経済・政治面に対する近視眼的な論評や冷戦時代のパワーポリティクスを引きずった、表層的な見解に終始しているように思われる。

しかし、中国という国・民族性がどういうものなのか、多くの人々が理解し、中国をどう捉え、我々がどう変わり、どうすれば正しく対処できるのか、そして、心ある人々が団結し、覇権主義を阻止し、人道的で平和な世界を構築していきたいと願うものである。

June Chee

中国の覇権主義

―中国の国体とは―

目次

――ある週末の午後、食堂で、中国人数名がトランプに興じている。

中国人と言っても、全て漢民族で、興じているのは「争上游」というカードゲーム。「争上游」とは、日本で言うところの、「大富豪」、「大貧民」なのだが、ルールは結構異なる。

通常のトランプのカードはハート、ダイヤ、スペード、クローバーがそれぞれ13枚あり、それにジョーカーを加えると、53枚。日本で「大富豪」をする場合、ジョーカーを1～3枚加えることもあるから55枚前後で遊ぶのが一般的であろう。

しかし、中国では150～220枚くらいで行う、つまり、トランプを3～4セット混ぜて、同じカードが3～4枚ある状態で、「争上游」をすることがほとんどだ。こうなると、組み合わせが多くなり、何でもありのような状態になる。

日本でもそうだと思うが、トランプと言えば、カードの枚数は50数枚で、ゲームごとにルールがきちんとあり、決められたルールの中で、知恵を競い合い、楽しむのが普通であろう。

しかし、漢民族のトランプゲームは基本何でもありで、少しでも多く自分の選択肢を作って楽しむ傾向にある。

本来、漢民族は良く言えば自由で、悪く言えばルール無用なのである。

そういう人々が多数集まるとどうなるかというと、自己主張がぶつかり合い、まとめることは極めて困難になる。

そういう集団をまとめねばならないリーダーは、類稀なカリスマ性や人望が無い限り、まとめることは困難なので、強い権限を獲得する必要が出てくる。

それが一国家の話になると、リーダーは巨大な権限を必要とするだろう。


近年の中国に目を移すと、ＩＴ業界などの分野で成長が著しく、その市場の巨大さも含め、大きな富を生み出している。

多くの若者がＳＮＳのインフルエンサーとなって、一攫千金を得ようとしている一方、削除や逮捕されないように、政府の規制に抵触せず、政府への不満や批判ととられないよう細心の注意を払い、ＳＮＳの内容は差し障りの無い世俗的な内容に終始するか、国粋的な内容になってしまうのだが、これらは二千年に及ぶ中国政治という毒に精神が侵されているようにも見える。

中国は、広い地域と多様な人々で構成され、更に多層的なので、中国を一言でまとめることは難しい。

中国は良い意味でも悪い意味でも世界から注目されているが、中国を理解するには、その歴史や民族、文化・風俗だけでなく、政治的観点も踏まえて、把握していく必要があるだろう。

殊に、中国は様々な問題を政治化する傾向が極めて強く、中国の政治背景とその根本的思想を把握せずに、中国の個々の事象を正しく把握し、対応していくことは出来ない。

何事も表面的な事象に一喜一憂したり、右往左往したりせず、物事の本質を正しく把握することが正しい判断と行動をする上で一番大切なことであろう。

今回このような観点から、中国を論じてみたいと思う。

1．中国の各階層に根付く思想

中国は大国であるが、古来より現在のような大国であったわけではないし、中国でマジョリティである「漢民族」の呼称も漢王朝成立（紀元前２０２年）後に使われるようになった。

それより前、商（殷）王朝を倒して周王朝を建てた武王（姫発）らは黄河流域の「中原」エリア（現在の河南省辺り）を拠点としたが、その頃はまだ自分たちを「漢」（族）とは呼んでおらず、「華夏（※１）」と呼んだ。

華夏にとって、周辺に住む他民族は野蛮であり、華夏とは別の国であった。

商（殷）王朝同様、周王朝は勢力を拡大していく中で、華夏族とは異なる民族を農奴あるいは半農奴として隷属させた。又、権力内部では王を頂点とするヒエラルキーが成立し、親戚や重臣に領土を与え、治めさせていったことで制度としての階層が出来ていった（封建体制）。

（※1）『春秋左氏伝』襄公26年（紀元前546年）に「楚　華夏を失う」とある。のちの唐の孔穎達は「華夏は中国なり」と注をつけている。

周王朝後半は、王朝の権威が弱まり、各領土の支配者が「王」を名乗り出し、戦国時代へと移っていく。

戦国時代初期には斉・晋・楚・越など多くの国が存在したが、戦争が繰り返された結果、滅亡や併呑される国々が増え、戦国時代中期には韓・趙・魏・楚・燕・斉・秦が強国となり、覇権を争い、最終的には秦が紀元前221年に制覇することとなった（中華統一）。

一方、春秋・戦国時代に百花繚乱とも呼べる様々な思想家たち（諸子百家）が登場し、中国の権力者などへ影響を与えることになる。

代表的な思想家及びその思想・学派は下記の通り。

【孔丘（孔子）／儒家】

春秋時代の孔丘（孔子）によって説かれた。

礼（身分制度）と君子（王）の徳によって人々を治めることを主張した学問。周の政治を理想とし、魯の建国者である周公旦（周王朝を建てた武王の弟、姫旦）を理想の聖人と崇めた。

忠・孝・悌・貞（君子・父子・兄弟・夫婦）の身分関係を重視。

徳とは下記の「五常」。

「仁（他人を思いやる）」、

「義（無私無欲で成すべきことを行う）」、

「礼（仁の行動内容、上下関係を守るための振る舞い）」、

「智（学問に励む）」、

「信（約束を守り、誠実であること）」。

代表書に五経（『易経』『書経』『詩経』『春秋』『礼記』）があり、この他に、十三経（『易経』『書経』『詩経』『春秋左氏伝』『春秋公羊伝』『春秋穀梁伝』『周礼』『儀礼』『礼記』『論語』『孟子』『孝経』『爾雅』）もある。

宋代以降は四書（『論語』『孟子』『大学』〈元『礼記』の中の1篇〉『中庸』）というくり方も誕生した。

儒家思想は皇帝などの権力者や知識人へ大きな影響を与え、朝鮮や日本にも影響を与えた。しかし、皇帝の権威や国家体制を維持する為、拡大解釈され、硬直した身分制度の支柱ともなった。

現在の中国を見る限り、上記の「五常」のうち、「智」を除いて、当てはまると言えるものは極めて希薄になったように思われる。


【老子／道家】

何事にもこだわらず（無）、自然に、あるがままであることで、世の真理（道）に至るという思想。

支配や統治は作為であり、自然でもあるがままでもないと考え、政治に対しては無関心ということになる。

代表書に『老子』、『荘子』、『易経』がある。

民間で尊ばれ、仏教思想を取り入れてからは主に民間信仰（道教）として存続していく。

【商鞅、韓非子、李斯など／法家】

人徳ではなく、厳格な法による支配を主張する学問。

春秋時代の管仲が法家思想の祖とも言われるが、戦国時代の李悝《りかい》、商鞅、申不害、慎到らが法家思想を展開し、韓非子によって集大成されたとされ、その著『韓非子』20巻は先秦法家思想の精華と言われる。韓非子は人の性は悪である（性悪説）として、信賞必罰の重要性を説いた。

「法」は権力維持の為にあり、現在の民主主義国家でいう「法」とは概念が全く異なり、人道主義に根差した「法の下の平等」という発想はない。


法家にはその冷徹・厳格な側面を説明できる逸話がいくつもある。例えば、

・秦の孝公に仕えた商鞅だったが、孝公の死後、反商鞅派の讒言によって、謀反の罪を着

せられ、都から逃亡して途中で宿に泊まろうとしたが、商鞅であることを知らない宿の亭主は『商鞅様の厳命により、手形を持たない方を泊めてはいけないという事になっております』と宿泊を断った。結局、商鞅は逃亡の末に捕縛され、自分が制定した車裂きの刑（綱で手足それぞれを馬車につなげ、引き裂きにする残酷な刑罰）により処刑された。

・燕の使者である荊軻は隠していた匕首で、秦王の政（後の始皇帝）を殿上で暗殺しようと切りかかると、政は慌ててしまい、腰の剣が抜けず、匕首を持った荊軻に追い回されていた。臣下達は秦王の殿上に武器を持って上がることは法により死罪とされていた為、手をこまねいていた。最終的に御殿医が荊軻へ薬箱を投げつけ、荊軻が怯んだ隙に秦王が腰の剣を抜き、荊軻を返り討ちにできた。

・辺境守備のために徴発された農民兵９００名は天候悪化により、期日までに任務地到着が見込めなかった。史記には、いかなる理由があろうとも期日までに到着しなければ斬首、と書かれているが、このような苛烈な施政が秦を滅ぼす戦乱のきっかけとなる陳勝・呉広の乱につながっていく。

又、三国時代の蜀の諸葛孔明なども法家思想をベースに政治を行ったとされるが、儒家思想やその他思想を一部取り入れながら、秦朝時代のようなマイナスの結果を繰り返さないよう修正・補完を試みた例も見られるようになった。

いずれにしても、個に対する全体、家に対する国、臣民に対する君主の優位を価値観の根幹に据えており、秦朝（秦の始皇帝が法家思想を採用）以降、今尚、中国の権力者が採用している思考方法で、中国統治の「核心的価値観」と言える（習近平政権になってから、中共は「富強（富国強兵）」「民主」「文明」「和諧（調和）」「自由」「平等」「公正」「法治」「愛国」「敬業（献身）」「誠信（正直）」「友善（友好）」を「社会主義核心価値観」と言っているが、ほとんど嘘っぱち、まやかしである）。

【墨翟（墨子）／墨家】

全ての人を平等に愛すること（博愛）や非攻（侵攻を否定し、防衛に努める「墨守」）などを説いた。

戦国時代までは儒家と並ぶ大勢力があったが、内部分裂と秦王朝の弾圧により消滅した。反戦・博愛を主張する思想である為、秦朝以降、中国の権力体制から排除され続けているが、民間では生き続け、侠客・武侠（例えば、『水滸伝』等に登場する「義侠」等がそうで、正義を重んじ、弱きを助け、強きをくじく者）の義理人情の生き方・価値観に影響を与えた。

中国の近代文学を代表する魯迅は諸子百家の中で、儒家を中国における諸悪の根源と批判し、墨家を一番評価していた。

又、金庸などに代表される武侠小説は今でも中国語圏で広く愛されている。

【鄧析、公孫龍、恵施／名家】

前漢の司馬談が諸学派を分類する際に名付けたとされる。

物事のつながり、論理について、人々の認識の矛盾を正していくことを主張。概念論であり、明確な思想を持つわけではない。


【鄒衍、公孫発など／陰陽家】

世の中にある全ての事象は陰と陽の二つから成立していると説き、調和のとれた世界にする上で、それらの均衡を保つことが必要であると説いた学問。

更に、五行思想を取り込んでより発展し、東アジアにも広まった。


【蘇秦、張儀／縦横家】

弁舌によって外交を有利に進めようとする交渉術。明確な思想体系はない。

中国の戦国時代に秦以外の国が連合して、秦を倒そうという合従策がその代表。


【呂不韋、劉安／雑家】

儒家や道家、法家などの思想の良い所取りをした学問。

代表的な著作としては、秦朝の宰相に昇りつめた呂不韋の『呂氏春秋』や劉安の『淮南子』が挙げられる。

【許行／農家】
尊い身分の人も卑しい身分の人も皆一様に農業に励むべきと主張した。これも思想とは言い難い。

【鬻子《いくし》など／小説家】
日常的な出来事、故事を語り継ぐことによって人々を諭そうとした。不明な点が多い。

【孫武／兵家】
『孫子』など軍略や政略の要点をまとめ、他国に勝る方途を説いた。思想と呼んでいいものか疑問だが、ご存知の通り、現在ではビジネスにも応用している人々がいる。

以上、11学派が代表的なもので、彼らの論説や思想が中国の階層に与えた影響について、参考として頂ければ幸いである。

これらは、宗教のように生命や宇宙観を説いたものとは異なり、世の中の秩序や人の振る舞い方について説いており、宗教や哲学というより、どちらかと言えば、処世術に近い内容と言えるのではないだろうか。

これら中国で生まれた思想の他に、仏教、キリスト教、イスラム教、三民主義、共産主義、資本主義等の宗教や思想が中国に影響を与えてきたが、中国の権力者にとって、宗教や思想は権力を維持する為の道具でしかなく、自分たちの都合の良い部分を取って、利用してきたに過ぎない。

現在、よく見られる「中国は共産主義で、資本主義を取り入れたとしても長くは続かない」という意見が出てくるのは、中国という国をよく理解していないからだと思う。

中国の権力者にとって、共産主義も資本主義も経済論や政治論の一形態に過ぎず、建前では共産主義と言っていても、実際に彼らが依って立つ主義・思想とは言えない。

中国のこれまでの政治とその歴史をちゃんと理解していれば、中国はこれまでずっと法家思想と軍事力を基盤とした「重商帝国主義」であったし、現在は「国家資本主義」であり、本質は変わっていないということが分かるのではないだろうか。

そういう国を国際経済の枠組みに入れたと思っても、却って利用されるだけで、これまで西欧諸国が主導したルール通りに従ってくれるだろうと考えるのは間違いだ。彼らに国際ルールを遵守させるには、厳しい法規制と啓蒙思想が必要不可欠であろう。

2．古代から現代に亘り、中国の政治思想の底流に流れるもの
――儒家は中国政治思想の根幹とは言えない

人類は様々な差別や戦争を行い続けてきたが、ようやく基本的人権の尊重、思想や信教の自由、表現の自由を実現しつつ、世界平和を模索している。しかし、今尚、それらを拒み、自己の権力と一国の権益のみに価値を見出そうとする人々や国々が存在する。

中国では、秦朝から現在の中国共産党に至るまで、封建制度や三民主義、共産主義といった政治形態が存在してきたが、これらの政治形態を問わず、共通しているのは、皇帝や一部権力者による独裁と彼らが権力を維持する為に、権力者とは相容れない思想や宗教を一切認めず、弾圧してきた、という歴史であろう。

中国共産党政権誕生後もそれは変わっていないし、歴史をよくご存知の方なら、誰もが納得がいくことと思う。

中国において、中国という国を維持する為に、その根幹としているのは、法家思想と軍国主義である。

前述した通り、法家思想の言う「法」は現代の民主主義の法律とは根本的に異なり、権力体制を維持する為、権力者に都合の良い法律をつくり、国民や国家をコントロールするというものだ。

そして、権力者に都合の良い法律やイデオロギーと相反する思想をずっと排除してきた。中国では、そうした法律の実行を容易にするツールとして軍事力が必要で、今でも軍権を握ることなしに権力の維持は困難と考えている。軍事国家と言える所以である。

近現代史を見ても、辛亥革命を成し遂げた国民党の立役者であった孫中山（孫文）は軍人でなかった為、清朝の軍部指導者であった袁世凱に中華民国臨時総統というポストを譲らねばならなかったし、中共で言えば、主席は人民解放軍のトップでもあるが、鄧小平は主席には成らずとも人民解放軍のトップであり続けたことで、中国の最高権力者でいることができたことは、中国が常に軍事政権であるということを理解する上で恰好の歴史的証例と言えるだろう。

このように、ラベルの貼ってある包装紙を取り外して、中身を見ると、中国は21世紀になっても、戦国時代から始まった中国統一という覇権闘争を続け、秦朝から続く法家思想と軍事独裁体制によって運営されていることが分かるであろう。

一方、儒家思想は中国だけでなく、世界的にもよく知られる中国の思想であり、漢朝以降、皇帝の徳治の参考書となり、科挙では儒家思想の習得が必須とされ、封建社会の秩序維持になくてはならないものであった。

しかし、それはどちらかと言うと政治や政治家の道徳的あるいは理想的側面と身分制度維持を目指そうとしたものであり、実際の統治という観点からみると、儒家思想は中国の統治思想の根幹にはなく、その根幹となり続けているのは法家思想と言える。中国は「法治」ではなく「人治」と言われ続けているが、それは権力者（人）にとって都合の良い法律によって統治している所以である。
体裁として、憲法が有っても、その法律が意図する目的が公平さや国民の利益の為でなく、現権力体制を維持することが第一義であれば、民主主義国家としてのあるべき「法治」とは言えないであろう。

日本では明治時代以降に西欧の啓蒙思想が翻訳され、「民主」、「自由」、「平等」、「公正」等の言葉が日本から中国に伝わった。これらは現在でも中国に存在するし、中国は『「民主」「自由」「平等」「公正」等を保証する』と国民に対してそう言ってはいる。しかし、問題なのは、国家権力の統治や権益などに都合が悪い場合、それらの価値観は二の次、三の次になり、脅迫や弾圧されるという現実だ。香港における「香港基本法制定」、「言論弾圧」、「50年間自治問題」や新疆ウイグル自治区における「思想改造施設」、「女性の不妊手術や漢民族男性との結婚の強制」、「民族言語の使用禁止と中国語使用の強制」など、文化の冒涜や人権を無視した実例を挙げればきりがない。中国ではこういうことが今尚行われ続けているのだ。

民主国家であれば、「民主」、「自由」、「平等」、「公正」等は何よりも大事であり、これらを二の次、三の次にすれば、もはや民主主義国家とは言えず、独裁主義国家となってしまう。

前章でも述べたように、中国の権力者にとって、思想やイデオロギーは人々を幸福にするものではなく、権力維持のツールでしか無い。これらのツールは何の為にあるのかと言えば、中国という国体の維持にあり、その国体の維持に利さないものは「民主」、「自由」、「平等」、「公正」等であっても紙屑同然とされる。『中国には中国式の民主がある』という詭弁を弄しても、普通の思考力があれば、中国に「民主」があるという認識にならないはずだ。

中国の国体については、あとで述べていく。

3. 漢民族と少数民族の関係史概略

中国には漢民族が中原以外の民族を取り込み、支配した歴史と、周辺の民族（漢民族から見て少数民族）によって支配された歴史がある。

中原（現在の河南省辺り）を拠点とした華夏は勢力を拡大して、漢朝以降に漢民族という名称を使うようになったことは先に述べたが、秦の始皇帝の秦朝は中原よりも西で起こった国家であったし、漢王朝を建てた劉邦の出身地も中原ではなく、現在の江蘇省徐州辺りで、華夏族に属していたのかどうか分からない。（ただ、華夏族の文化は当時間違いなく、周辺の国や地域より進んでいたであろうと考えられ、周朝時代でも中原エリア以外で華夏族の文化に感化され、同化が進み、広義の意味で華夏族になっていったと考えていいかもしれない。当時の江蘇省徐州辺りは長江の北にあり、華夏族の影響を受けていたであろう。しかし、春秋時代迄の長江以南は、中原から見て明らかに違う文化圏であったことは間違いないと考えられる）

三国時代、西晋、五胡十六国時代と南北朝時代（漢民族と少数民族の国々がそれぞれ同時に存在した、分国状態）を経て、隋朝で中国が再度統一された後、唐朝へと時代は移るが、唐朝を建てた李氏（李淵、李世民など）は元々、少数民族の一つであるモンゴル系の鮮卑族で、隋の煬帝より「李」の氏姓を賜り、漢民族化した。

その後、宋朝を経て、モンゴルの支配下となった元朝となり、明朝を経て、女真族の清朝が中国を支配した。

このように、漢民族と他民族がほぼ交互に領土を統治してきたわけだが、最初に統一したのが中原の西で起こった秦朝、中国古代史の中で最も栄えたとされる唐朝、当時世界最強と言われたモンゴルの領土の一部となった元朝、女真族の清朝の時代には現在の中国東北地区、内モンゴル地区、新疆地区、チベットなど現在の少数民族の領土を併呑し、拡大した。これらはいずれも今で言うところの少数民族により支配された時代であった。

現在の中国は漢民族が「満族」、「朝鮮族」、「蔵（チベット）族」、「ウイグル族」、「蒙（モンゴル）族」などの55の少数民族を統治している。
新疆ウイグル自治区、西蔵自治区、広西壮（チワン）族自治区、寧夏回族自治区、内モンゴル自治区以外にも、雲南省、四川省、甘粛省、青海省などにも多くの少数民族が居住していて、少数民族による自治も一部認めているが、漢民族が多く入植し、トップが漢民族になっているところが多い。

漢民族以外で人口が多い少数民族を挙げると、「壮（チワン）族」、「ウイグル族」、「蒙（モンゴル）族」、「蔵（チベット）族」等があるが、これまで中国とどのような関係にあったのか、下記の通り、かいつまんでまとめてみたい。

「壮（チワン、チュワン）族」

中国最大の少数民族（約1700万人、2018年時点）で、中国南部に居住する。

嶺南地区（ほぼ現在の広東・広西）の原住民族として長い歴史を有する。数万年前から、チワン族の祖先たちは今で言う華南エリアで生活していたようだ。つまり、古来、広東・広西一帯の原住民は漢民族ではなかったということだ。

春秋戦国時代の頃は百越と呼ばれる諸民族の一派で、駱越、西甌などの国家を築いた。漢代に南越国の支配下に入り、隋代までは、部落制社会が続いた。唐代に封建制度社会に移行し、明代に少数民族首長の世襲支配を認める土司制度を実施。清代になって、ようやく中国の直接支配地域になった。漢民族との接触の歴史が長く、経済活動の必要性から、漢語も広く浸透した。漢民族とうまく共存してきたと言えようか。

「回族」

人口は1050万人以上。居住地は中国のいろいろなところに分布しているが、中国西北部に比較的多い。

唐代頃から交易を通じて、ムスリムの往来が増え、中国に住み、中国人と結婚するなど、帰化した人々は回民と呼ばれるようになった。

回族の中にはイスラム教徒でない人々もいるが、これは、少数民族への優遇政策を享受する為、漢民族から回族に変えた人々もいるためである。


「満族」

中国東北部に居住する、ツングース語系民族。古くは女真族と呼ばれ、清朝を興した民族。

人口は約１０４０万人。

粛慎、挹婁、勿吉、高句麗、靺鞨、渤海の末裔であると考えられ、金や遼などの国も興し、中国との国境を脅かし、ついには清朝を興した。

満州語で民族名をManju（マンジュ）と呼ぶことから、中国では満族（北京語の発音はman zu）と呼ぶようになった。漢民族と同化がかなり進み、人口も減少傾向にある。


「ウイグル族」

新疆ウイグル自治区を中心に居住。人口は約１０００万人。

４世紀から13世紀にかけて中央ユーラシアで活動したテュルク系遊牧民族及びその末裔と称される。

古い中国史書には、袁紇・烏護・烏紇・韋紇・迴紇・回紇・迴鶻・回鶻等と記載されている。（民族的にも政治的にも多くの変遷があり、詳細は割愛する）

現在の漢字表記「維吾爾」（ウイグル）は１９３４年（中華民国時代）に正式に採用された。

国共内戦中は東トルキスタン共和国として独立を宣言したが、中共が中華民国を台湾へ追い出した後、武力鎮圧し、１９５０年に中華人民共和国に完全併合され、１９５５年には新疆ウイグル自治区となった。

１９５７年の「反右派闘争」で多くのイスラム指導者が粛清され、「大躍進」（１９５８年～１９６１年）では多くの餓死者を出した。

１９６４年から同自治区で核実験が行われるようになり、合計46回の核実験によって放射能汚染が深刻化、住民への健康被害や農作物への影響が懸念されている。

「文化大革命」（1966～77年）では紅衛兵によってモスクが破壊され、イスラム教の宗教指導者が迫害を受け、1967年には紅衛兵同士の武装闘争にウイグル族ら少数民族が駆り出されるなど、新疆ウイグル自治区の社会情勢は酷く混乱した。

こうした経緯から、ウイグル族の間で「反漢」感情が高まり、1980年代には一触即発の状況になった為、中共政府は言論統制を緩和し、モスクの修復、アラビア文字を使ったウイグル語の使用再開、イスラム教に対する禁教令を解除するなど懐柔を行うものの、ウイグル族の不満は収まらなかった。

1989年の「天安門事件」の直前、ウイグル族や回族らのデモ隊が政府庁舎に乱入する事件が起きた。

1990年の「バリン郷事件」では、武装警察がデモ隊に発砲し、死者50人、逮捕者6000人を出した。

2001年9月11日の米国での同時多発テロ以降、中共政府はウイグル民族運動とテロを結びつけて、その脅威を強調し、現在では思想改造施設での思想教育や拷問、不妊手術、臓器売買がされるなど民族的ジェノサイドが行われている。そして、人口は大幅に減少していると言われている。

アレクサンドラ・カヴェーリウス著『重要証人：ウイグルの強制収容所を逃れて』（草思社）では、概要下記の証言が綴られている。

・２０１６年から強制収容所が建設され、１００万～３００万人が逮捕収容されている。
・親が収容されると、子どもは別施設に入れられる。
・外国に亡命中のウイグル人に対しては、家族を人質にして脅し、帰国させる。
・収容所で、子どもが産めなくなる薬を投与している。
・２０１７年から「家族になろう」プログラムとして週末、ウイグル人は漢族の家で家事手伝い、性接待をしなくてはならない。
・著者は性接待を避けるために、賄賂を渡した。多くのウイグル人も賄賂を渡していた。
・私は週に一度、大きな錠剤を一錠飲まされるようになった……。常に吐き気との闘いだった……。その後、大半の女性収容者の生理がこなくなった。
・公開レイプ：収容所内で同胞の前で少女をレイプし、抗議した人は処分される。
・反政府デモで逮捕された人が、デモ弾圧での死者と一緒に生きたまま火葬場で焼かれていた。
・中国共産党の三段階計画では、新疆を同化した後に最終的にはヨーロッパ占領を目指している。

同著の著者は、新疆ウイグル自治区の強制収容所で中国語教師として働いていたが、強制収容所を辞めた後、著者は仲間から次は自分が収容されると知らされ、カザフスタンに脱出した。

ところが、カザフスタンでは亡命が認められず、中国に強制送還されそうになったが、運良くスウェーデンに亡命することができた。

又、著者も亡命先のスウェーデンでマスコミの取材を受ける度に、電話で「黙らないか。子どものことを考えろ」と中国から電話で脅迫されているそうだ。

中国の新疆ウイグル自治区では１００万～３００万人のウイグル人が強制収容所に収容されていると言われている。中共は収容所ではなく、職業技能教育訓練センターであると言っているが、収容される時は夜で、警察から手錠をかけられ強制的に逮捕される、とこの本では証言されている。

又、著者のいた収容所では16平方メートルに20人が収容されており、トイレは一監房に一個のバケツで、24時間に一回しか空にしてもらえず、監房は汚くて吐き気がしたという。人権云々以前に人として扱われていない状況のようだ。

「**蔵（チベット）族**」

中国のチベット族の人口は約６２０万人。チベット高原を中心に居住。

５世紀頃からホタン方面より入ってきた遊牧民が王国を建設。テュルク諸語やモンゴル語などでは「トベット」と発音され、漢文では「吐蕃」と記された。

7世紀頃に盛強となり、その後も異民族による直接支配を受けたことがなく、1642年にはダライ・ラマ政権が成立した。

1723〜32年（清朝）の「雍正のチベット（東西）分割」により、チベットの東部（アムド全域・カム東部）は青海及びチベットに隣接する甘粛・四川・雲南に属され、清朝皇帝から西寧弁事大臣と甘粛・雲南の巡撫、四川総督などの「兵部」を介して領地を与えられる、という形になった。

ダライ・ラマとチベット政府ガンデンポタンの管轄下に置かれたチベットの中央部（ウー・ツァン）および西部（ガリ）は、中国側では「西蔵」と呼ぶようになった。

辛亥革命後、1912年に清が滅亡すると、ガンデンポタンはチベット全土の奪還を目指して東征を行ったが、中華民国で甘粛・青海を掌握する馬氏政権、四川・雲南の地方政権などに阻まれた。

こうして、中華民国の全時期（1912〜49年）を通じ、中国の地方政権がチベットの東部を支配し、チベットの中央部・西部（西蔵）はガンデンポタンが掌握した。

１９４９年に建国した中華人民共和国は、先ず１９４９年から１９５０年にかけて中華民国の地方政権が支配していたチベット東部を統治下におき、ついで１９５０年にガンデンポタン治下のカム地方の西部へ侵攻、翌１９５１年にはガンデンポタンを撃退し、十七ヶ条協定を呑ませ、チベットの西部・中央部も制圧した。

１９５５年、チベットの東部で勃発した反漢蜂起は１９５９年に中央チベットへ波及、１９５９年3月10日にはラサ市民が蜂起したが、中共軍によって鎮圧され、チベットの君主ダライ・ラマ、チベット政府ガンデンポタンなど約10万人の難民がチベットを脱出し、チベットの全土が中国の直接統治下に組み込まれた。

チベット族に対しても迫害や虐殺（１００万人以上）があったとされるが、その実態はいまだに公表されていない。

「蒙（モンゴル）族」

内モンゴル自治区等に居住。人口は約６００万で、モンゴル国の人口（約３４０万）より多い。

中国のモンゴル人も文化大革命時期に多くが殺された。

2021年11月25日付「産経新聞」によると、『中国・内モンゴル自治区の出身者らでつくる「南モンゴルクリルタイ（世界南モンゴル会議）」（筆者注：「南モンゴル」とはすなわち中国の内モンゴルを指す）は25日、国会（筆者注：日本の国会）内で会合を開き、中国当局による自治区での民族弾圧や在日モンゴル人への脅迫行為に関し、証言や映像を収集し、国際人権問題を担当する中谷元・首相補佐官に報告する活動方針を決めた。岸田文雄政権が人権外交を進める上での一次資料とするのが狙い。自治区では昨年秋から小中学校の教科書でモンゴル語から標準中国語への変更が始まり、中国当局は登校拒否やデモ活動を行った人々を拘束している。国内（筆者注：日本国内）のモンゴル人も中国当局者を名乗る人物から抗議活動への不参加を強要される事案が相次いでいるという。ドイツに亡命しているショブチョード・テムチルト会長はオンラインで会合に出席し、「中国は南モンゴルを侵略し、われわれはモンゴル語で教育を受ける権利も奪われた。自決権を勝ち取る道しか残されていない」と訴えた』とある。

「**朝鮮族**」

中国吉林省に多く居住している。人口約1800万人。

中国大陸における朝鮮族の歴史は長くないようで、清朝初期に戦争の捕虜として朝鮮半島から連行されたりした人々だったようだ。

私は中国の少数民族の人に会うと必ず聞くことがある。――『漢民族をどう思うか？』この私の問いに対して、ほぼ100％帰ってくる彼らの答えは、『自私鬼』（自己中、利己主義）だ。漢民族が少数民族に対して、どういう統治や振る舞いをしてきたが分かるであろう。

習近平政権以降、小学校以上では少数民族の各言語の使用禁止（中国語での教育）が徹底されるようになっており、漢民族による文化面での圧迫も強化されている。

4．中国とアジア諸国との関係史概略

中国はとかく周辺諸国を中国の属国と見なし、近年は領海・領空侵犯を繰り返し、近隣諸国との間で国境紛争も絶えない。

中国は歴史的に経済・文化・軍事的な大国として、周辺諸国へ影響を与えたことも事実で、「冊封体制」と呼ばれる関係を結び、宗主国として中国の皇帝は周辺諸国の支配者を王と認め、周辺国は中国へ朝貢貿易を行った。

ただ、この「冊封体制」は実際のところ、中国皇帝が周辺国を統治していたわけでもないし、主従関係と呼べるものでもなく、独立国同士の外交関係・貿易関係というべきで、心底属国化していたのは朝鮮半島くらいのものであった。

7世紀、日本の聖徳太子は遣隋使を派遣した際、隋の煬帝に対して、日本の天皇と中国の皇帝は対等な関係であると読める書面を送って、煬帝を激昂させたのは有名な史実である。

ここでは、インド、ネパール、東南アジア、朝鮮、日本等との関係史について、簡単ではあるが、概要を述べてみたい。

「インド」

インドと中国は人口で世界一、二の大国となり、その市場規模は大きな魅力をもつ。

インドと中国の交流の始まりは「仏教伝来」と関係していると考えられる。

インドの仏教思想は中国において儒家思想や道家思想にも大きな影響を与え、特に、世俗的で処世術的な中国の思想と異なり、仏教で説く過去・現在・未来という生命観や宇宙観、因果論はそれまでの中国の思想に無いものであり、人々の価値観や生活などにも大きな影響を与えた。そして、仏教だけではなく、医術・武術・食物・動植物など多くのものがシルクロードなどを通じて中国へ伝えられた。

中印間にはヒマラヤ山脈に代表される険難な自然が立ちはだかり、中印間を往来するには、その険難な陸路を越えるか、航海をするしかなかった。正に、生死を賭けた旅路であった。

生死を賭けてまで、中国から多くの僧侶や商人が陸路や海路を往復し、仏教の伝播や文物の交易が行われた。

ちなみに、古い記録では、孔子がブッダ（浮図、釈迦、釈迦牟尼、釈尊）のことを伝え聞いているというのがある。ブッダも孔子も紀元前5世紀頃に活躍した人物（ブッダは紀元前7世紀や紀元前6世紀の説もある）だが、十分な情報が乏しかったのはインドと中国の距離以上に、先に述べた地理的要因が大きかったのであろう。

漢の時代になると、西域への派兵により、西域の状況や西域ルートへの知見が増し、三国時代には交易が始められていたようだ。魏の曹操は西域との交易から得た収益もあり、富国強兵を行えた。インドや中央アジアなどから仏教徒が中国の地を踏み始めたのも、そういう往来が活発化した中でのことであろう。

僧侶や商人の人的交流はますます増え、中国の南北朝時代迄には様々な仏典や仏教諸派の教義が伝えられ、隋代の頃、智顗（天台大師）が仏教諸派の教義の勝劣を比較・検証・整理し、天台宗を興した。そうして、隋代から唐代に亘り、絢爛な仏教文化が栄え、中国経由で東アジア諸国へ伝えられることとなる。

このような文化交流が盛んであった一方、中国とインド間で武力衝突も幾度かあり、特にチベットが中国に併呑されて以降、現在に至るまで国境紛争は解決できないまま、続いている。

「ネパール」

ネパールの北部にはヒマラヤ山脈、南部には平野があり、ヒンズー教徒が全体の約8割と、宗教や文化等、インドとの関係が深い。仏教を説いたブッダが生まれた場所とされるルンビニは現在、ネパールに属する。

ヒンズー教徒が多数を占めるが、他に仏教徒、ムスリムもおり、宗教や民族など複雑だ。

中国がチベットを併呑してからは、中国とも国境を接するようになり、中国の「一帯一路」戦略で貿易や中国からの石油の供給、インフラ投資（鉄道建設等）の交渉など交流が増している。

ネパールの元首相オリ氏は親中派だが、貿易の不均衡（ネパールの貿易赤字）やインフラ建設に伴う環境破壊など課題も多いようだ。

ネパールは貧困国の一つであるが、地政学的にインドや中国にとって重要であり、ネパールの動きを注視する必要があるだろう。

「タイ」

タイと中国は古くから人と物の交流が盛んであったが、タイは独自の文化を守り、独立国家としての立場を守ってきた。

タイには世界で最も多くの華人（華南＝中国南方出身がほとんど）が住んでおり、彼らは同国の経済界に大きな影響力を持ち、華人財閥もある。華人がタイ経済を牛耳っているとも言われ、華人や中国を嫌うタイ人も少なくない。

しかし、中国の経済力が増していく中、中国との経済協力が増大し、中国の影響力が強まっている。

「ベトナム」

歴史的に、ベトナムにとって中国は常に軍事的脅威であったし、現在のベトナム北部などは漢代に中国の統治下になったことがある。

ベトナムにも華人が少なくなく、ベトナムも共産主義国家となったが、同じ共産主義国となった中国との関係が悪いのは、古来より領土問題があり、中国の軍事的圧力を受けてきたからである。

現在では、経済交流の活発化や親中派政治家の勢力が強いのも事実だが、海洋資源が有ると分かり、中国は尖閣諸島同様、南沙諸島も自国の領海だと主張し始め、岩礁を軍事要塞化するなど、ベトナムとの関係は強固とは言い難い。


「カンボジア」


カンボジアとベトナムは隣国同士であるが、対中国との対応が明確に異なってきた。

ベトナムは以前より反中であったが、カンボジアはベトナムと対抗する関係から中国の支援を受け、中国は対ベトナム政策の都合上、カンボジアを利用し続けている。

近年、カンボジアにも中国などからの投資が増えているが、中国の影響力が極めて大きく、中国企業が劣悪な環境と低コストで労働者を使い、生産活動を行っていることが懸念される。

「ラオス」

ラオスも中国（雲南省）と国境を接しており、両国の関係は長い。

中国とラオスの交流は、約１８００年前、中国の三国時代まで遡るようだ。

２２９年、中国三国時代の呉の武将呂岱は南方諸国に朝貢をさせる為、堂明国（現在のラオスからタイ王国付近）に朱応と康泰を派遣し、堂明からも呉に使者を派遣したとの記録がある。

現代になると、中国とラオスは共に一党独裁体制の社会主義国体制となり、１９６１年4月25日に国交を樹立したが、１９７７年頃から中国の支援するカンボジアのクメール・ルージュがベトナムへ国境侵犯やバチュク村の虐殺を行ったことで、中国とラオス両国の関係も悪化した（ラオスとベトナムは友好国）。

１９７８年1月、当時ラオス人民民主共和国首相のカイソーン・ポムウィハーンは中国を公然と批判、同年12月にはカンボジア・ベトナム戦争が始まった為、中国政府とラオス政府の関係は更に悪化してしまった。

１９７９年に中越戦争が始まると、ラオス政府は中国共産党と断交。これに対して、中共政府はモン族など反ラオス政府組織を支援した。

しかし、１９８９年にベトナム軍がカンボジアから撤退すると、首相のカイソーンが中国を公式訪問、１９９０年に当時首相であった李鵬がラオスを公式訪問し、二国間の関係は改善。２０００年11月には中国の最高指導者（国家主席）として江沢民がラオスを初訪問した。

その後、２００４年4月に当時国務院総理であった温家宝がラオスを訪問。

２００６年6月にはラオス人民民主共和国主席に就任したばかりのチュンマリー・サイニャソーンが国賓として中国を訪問した。その後も、温家宝が２００８年に大メコン河流域地域首脳会議（ＧＭＳサミット）に出席したのち、チュンマリー国家主席を表敬訪問、ブアソーン首相とも会談し、２０１２年にもラオスを公式訪問した。一方で、チュンマリー・サイニャソーンも２００９年、２０１１年、２０１３年と中国を訪問、２００７年と２０１０年にはブアソーン・ブッパーヴァン首相が中国を公式訪問するなど、２０００

年以降の両国最高指導者の交流は活発のようだ。

「ミャンマー」

10世紀にチベット系のパガン朝が成立、13世紀に元の侵略を受けて滅び、その後、ペグー朝、トゥングー朝が続き、18世紀のコンバウン朝はタイやインドに進出してビルマ最盛期となった。

19世紀後半にイギリスの植民地とされ、1930年代から独立運動が起こったが、第二次大戦中は日本の軍政がおかれた。

1948年にビルマ（1989年から国号をミャンマーに変更）は独立したが、中国国民党との間で紛争は続いた。

1949年に中華人民共和国が成立すると、当時の中国雲南省政府は中華人民共和国に従うことを発表、雲南にいた国民党残存勢力は中共の人民解放軍と交戦するが敗戦、数千人が雲南省からビルマに逃げ、雲南人民反中共救国軍として存続した（国民党本体は台湾へ逃避、台北は臨時首都）。

一方、ビルマ（当時）政府は雲南人民反中共救国軍との戦いで敗戦が続き、雲南人民反中共救国軍は勢力を伸ばした。

１９５３年、同政府は侵略を受けていることを国連に訴え、蒋介石は世界的に批判を受けることになった。国連は中華民国に対して撤退を勧告、雲南人民反中共救国軍の大半は台湾に移ることになった。

しかし、実際にはビルマ（当時）に７０００人くらいの軍隊をそのまま駐留させ、雲南人民反中共救国軍から雲南人民反中共志願兵と名称を衣替えし、民間的な組織なので、国民党とは関係がないということにした。

同政府は雲南人民反中共志願兵に手を焼いた為、中共人民解放軍と連携し、雲南人民反中共志願兵を挟み撃ちすることで勝利し、雲南人民反中共志願兵は解散、彼らは台湾あるいはミャンマー、タイ国境まで逃げざるを得なくなった。

ちなみに、タイ政府はタイ共産党やゲリラに対抗させる為、雲南人民反中共志願兵を黙認した。

中共の影響を受け、１９６７年にビルマ（当時）は国営化し、国民の財産を没収することを決定（社会主義化）したが、外国人の財産も没収した為、中国人約80万人がビルマ（当時）にいたことから、中国は抗議し、大使召還、支援停止、中国との関係が険悪化した。

そして、中共はビルマ（当時）国内のミャンマー共産党（ミャンマー人は少なく、ほとんどが少数民族と中国人から構成）へ武器などを提供し、ミャンマー共産党のクーデターを支援した。

中国の文化大革命が収束し、鄧小平時代に中国はミャンマーとの関係を改善した為、ミャンマー共産党支援を停止、ミャンマー共産党は敗北、勢力を失い、中国とミャンマーの関係改善がなされた。

現在、ミャンマーはクーデターにより軍事独裁政権となり、言論統制や人権侵害など問題視されているが、中国（そしてロシアなども）はその軍事政権を支援・協力しているが、これは中国が自国に民主化が波及することを恐れ、ミャンマーの民主主義勢力を封じ込めるためである。

「フィリピン」

歴史的に見ると、スペインの植民地となる以前のフィリピンはインドや東南アジアの影響を強く受け、中国との接触は中国明朝の頃からと考えられるが、関係は深いとは言えない。

ただ、中国の数々の内紛や国内問題の為、フィリピンに移住した華人も少なくない。

1978年頃から東シナ海や南シナ海に海底資源の存在が指摘されるようになると、中国はこれまでとは異なり、自国の海域だと主張し始め、ベトナム、フィリピン、日本などと同様に領海問題を起こすことになる。

中国は古来より西方や北方の地続きの異民族との交易や紛争・外交に注力せざるを得ず、東方の世界（海洋）にはなかなか踏み込めずにいたので、中国の言う『中国は古来より海洋国家』というのは全く説得力がない。それでも、中国は明朝（永楽帝時代、15世紀前半）に東南アジア、更にはアフリカに至る船団の派遣（鄭和ら7度の航海）をもって、中国は海洋国家だと吹聴している。

「朝鮮半島」

朝鮮半島は中国から甚だ大きな影響を受け、新羅朝（中国では唐朝）の頃から古来より使ってきた朝鮮独自の名字・名前すら中国式に変えてしまったほどだ（漢姓漢名）。

政治的には、冊封関係で中国の家臣としての立場を維持し続け、独自の元号を持つことなく、中国の元号を用い続けた。

社会的には、儒教を根幹に置き、いまだにその影響は強い。

文化的には、朝鮮は長い間、朝鮮語を表す独自の文字を持たず、15世紀にようやく訓民正音を作ったが、漢文を正式とし、訓民正音を諺文と呼び、下等なものとしていた。日本統治時代になって朝鮮語の辞書や正書法が作られ、訓民正音はハングルとして普及した。

1985年の日清戦争で日本が勝利してから、朝鮮には独立門が建てられ、ようやく国号も中国から与えられた朝鮮から大韓帝国となった。つまり、千数百年以上もの間、朝鮮は中国の属国であったと言える。

第二次世界大戦後、朝鮮戦争が始まると、アメリカが国連軍を主導し、韓国を支援し、中国は人民解放軍を表立て出来ないので、義勇軍という形で北朝鮮を支援した。

２０２２年、北朝鮮が30回以上の中距離ミサイルの発射実験を行った。経済制裁をしているにもかかわらず、中国などの軍事面での支援が続いている為、２０２３年に入ってからも発射実験の頻度は衰えていない。

ミサイルが日本国土の上空を飛行し、極めて危険であるだけでなく、航行している船舶や飛行機にとっても同様に危険だ。ミサイルの飛行距離や性能は上がっているようで、そのミサイル技術は中国やロシアから提供されていることは間違いない。

この問題は対北朝鮮という単純な視点で捉えるのではなく、中国やロシアの協力や支援があるということを再認識すべきだ。

しかも、中国は北朝鮮にとって最大の貿易相手であり、経済的にも大きな恩恵を与えている。

これは日本などが北朝鮮、中国、ロシアに対して経済制裁をする十分な理由になると考える。


そして、大韓民国でユン・ソギョルが大統領に選出され、米軍と協力関係を強化すると、中国は韓国に対して圧力を加えている。

又、米韓軍事演習を口実に、ロシアはウクライナ侵略、中国は習近平政権3期目と台湾への制裁に対する国際社会の耳目をそらさせる狙いもあり、問題の複雑化と緊張状態を増幅させ、欧米日を混乱させるような対応をしている。


「モンゴル」

モンゴルは遊牧民族で、本来、国を持たなかったが、チンギスカンと彼の一族が中国を含め、アジアから始まり、ヨーロッパにまで支配地を広げた。

しかし、清朝成立前後には、女真族の支配下におかれるようになる。

辛亥革命が起こった1911年にモンゴルは独立を宣言、しかし中国はこれを認めなかったが、1921年のソビエト連邦成立以降、ソ連の支持を得ながら、社会主義国として、1946年に独立を勝ち取ることができた。しかし、南モンゴル（内モンゴル自治区）は中華人民共和国の支配下に置かれたままになっている。

ソ連時代はソ連寄りであったが、ソ連解体後は市場経済化・民主化に切り替えた。しかし、経済発展著しい中国へ接近し、モンゴルにとって中国は一番の貿易相手国になった。

モンゴルはロシアと中国に挟まれており、欧米にとっては、モンゴルとの関係強化により、ロシアや中国の間にある重要な地域として楔を打つ必要があろう。しかも、モンゴルは鉱物資源、特にレアアースの埋蔵量が全世界の17％を占めると言われており、今後、モンゴルも重要なポジションになりつつある。

「日本」

日本が中国に朝貢（※）した最も古い記録が『魏志倭人伝』にあることは多くの日本人に知られている。

3世紀当時の日本には多くの国（ムラ）が存在し、彼らは権勢を競っていたと考えられ、大国中国の権威を借りる必要から中国へ使節を派遣した。「邪馬台国」は当時の中国の情勢に通じていたようで、最も近い呉ではなく、当時最も勢力が強かった魏に遣いを送ったことに、強い関心を抱かざるを得ない。

ちなみに、『魏志倭人伝』において「邪馬台」と記載したのは「ヤマト」という音の当時の漢音訳であることは間違いないであろう（その根拠は本書では割愛させていただく）が、中国大陸の情勢に通じていたのは、「ヤマト」政権の中枢に渡来人がいたからかもしれない。

（※）中国の皇帝が、周辺諸国の支配者との間で形式上の君臣関係を結ぶことによって形成された外交関係（冊封体制）において行われた交易。

又、それより以前に、沖縄に港川人という大陸系とは異なる民族がいた事が判っており、日本列島では縄文時代くらいまで、港川人や南方諸島系、日本古来の民族が主流であったと考えられる。

縄文時代後期から弥生時代に入ると、大陸からの渡来人が増えていることが分かりつつある。

奈良時代になると、仏教への信仰が篤い聖徳太子（厩戸皇子）が遣隋使を派遣し、先進文化を学びつつ、中国との対等な関係を主張した。当時は、文化的に中国の方が圧倒的に高く、日本は中国から多くのことを学ぶ立場であったが、聖徳太子は仏教の平等思想の立場から日本と中国は対等であると主張したのかもしれない。

大和朝廷は隋の後の唐へも使節を派遣し、引き続き、仏教や医学、食文化等を輸入するが、平安時代に中国との往来を取り止め、日本独自の文化を創造し始める。

平安時代末期、平清盛が日宋貿易を行ったが、以前のような仏教や文化の輸入だけでなく、硬貨や物品の交易も多くなったようだ。

交易だけではなく、戦乱が多かった中国や朝鮮半島から日本へ逃れてきた人々も少なくなく、そういう人々が大陸の学問や進んだ技術を日本にもたらした。

中国で失われた文物が日本に保存されているのが少なくないというのは、中国から人々が戦火を逃れ、日本人がそれらを日本で大切に保管したからだったのだ。

そして、文物だけではなく、人物でも同じことが言え、中国で迫害され、中国史から抹殺された人々が、日本に亡命した。例えば、明朝末期の儒学者で鄭成功の反清復明（反清朝）運動に加わった朱舜水は日本に逃れた後、水戸光圀に招かれ、日本に朱子学や陽明学を教授し、水戸学や尊王思想に大きな影響を与えた。しかし、清朝以降、中国では朱舜水は忘れ去られ、明治期に日本に来た中国人が日本で朱舜水の存在を知り、中国に伝えた。

上述したように、日本と中国とは交易が主体で、戦争に及ぶことはなかったが、中国と日本が直接武器を交えたのは、日本の鎌倉時代の元寇（日本への侵攻）と明治時代の日清

戦争、そして20世紀に入って起こった日中戦争である。（豊臣秀吉の朝鮮出兵は明国征服を最終目標にしたが、ここでは除く）

一方、沖縄（以前は琉球）はどうだったかと言うと、地理的に中国や台湾と近いことから、交易が行われ、文物の交流も少なくなく、文化的な影響も受けたが、琉球が中国に統治されていたという歴史は一切残っていない。詳細は割愛するが、言語的に見ても、中国が沖縄も中国の領土だと出張するのは正に妄言・暴言である。

日本と中国の関係を「一衣帯水」と表現することがある。両国の間には一筋の細い川ほどの狭い隔たりがあるだけで、極めて近接しているという意味である（実際には日本海と言う海域が間を隔てているのだが）。

確かに、外見も似ているし、漢字を使うし、共通点は少なくないが、実際には似て非なるものである。

唐突かもしれないが、中国人と日本人を「梅」と「桜」で例えてみたい。

中国では古来より梅の花を愛でる習慣がある。旧暦の正月頃に咲き、春の訪れを人々に知らせてくれ、梅の実と言う実利をもたらす。

一方「桜」は中国が原産でありながら、近年、日本の桜の花見で中国人に知られるようになるまで、梅の花と似ていながら、中国ではほとんど注目されていない品種であった。ミザクラには桜桃（さくらんぼう）が実るが、観賞用の桜の実は食用出来ない。しかも、病気に弱く、手間がかかる。中国人は花見の際によく枝を折ったり、花を髪に刺したり、木を揺すったり、木に上ったりするが、桜にそんなことをしたら、弱って、枯れてしまうであろう。

「桜」は中国原産であるが、そういう中国人には不向きで、絶滅危惧種になりかねない存在であったのではないだろうか。

一方、日本人は美しく、か弱い「桜」を大切に保護しながら、現在も日本国中で身近に桜と親しむことができる。

手が掛からず、実利のある「梅」を愛する中国人と、手は掛かる「桜」であっても、大切に育てようとする日本人……、正に似て非なるものではないだろうか？

「ロシア」

ご存知の通り、ロシアは文化的にも政治的にも西欧の影響を強く受けてきた。中国の元朝、明朝時期にロシアに関する記載が史書に見られるようになるが、中国の清朝の頃から国境・領土問題が起こった。

ソビエト社会主義共和国連邦が設立すると、中国共産党はソ連共産党の協力を得、中国の政権を奪取後に、両国関係は改善した。

しかし、中共のソビエトに対する修正主義批判が始まると、米ソ冷戦末期に当時ソ連の大統領であったゴルバチョフの訪中まで、関係は悪化した。

中共発足当時、毛沢東の地位は決して高くなく、ソ連も毛沢東を評価していなかった。毛沢東はそれが面白くなかったのであろう。

当初は周恩来の方が毛沢東より中共内の地位が高く、周恩来が中国トップになれたのだが、私欲がない周恩来は八路軍という軍隊を指導する毛沢東を推し、毛沢東が実権を握ることができた（周恩来は晩年、妻の鄧穎超に手紙で毛沢東を主席に推したことを後悔したと記している）。

中華人民共和国成立後にソ連に対して修正主義批判をしたのは、毛沢東の私怨ではないかと思えなくもない。

2018年以降、世界は米中の新冷戦の状態に入ったと考えられるが、早急にプーチン政権を崩壊させ、ロシアを民主主義陣営に組み入れる必要があるだろう。ロシアが民主主義陣営に入れば、インドはロシアと中国に挟まれているという状況から中国への対策に比重を増やすことが出来ると共に、反民主主義国（中国、朝鮮など）との問題において西側との協力関係を一層強化・明確化できると考えられるからだ。

欧米はイェリチン以降のロシアの民主化を促すべきであったのに、そうしなかったし、対中投資に偏りすぎた。しかし、ゴルバチョフの改革やロシア国民の政府批判やデモの様子を見ても、実際には、中国よりロシアの方が早く民主化する可能性が高いと考えられるので、それを促すべきであろう。その為にも欧米の対露政策や対イスラム政策の抜本的転換が求められる。つまり、中国の覇権主義に対抗する勢力拡大へ注力することの優先順位を他問題より高めるべきなのだ。そうすることで、北朝鮮への圧力も高まり、東アジアの安全保障は容易になると考える。

現在、米中対立の中、中共もロシアとの盟友関係を強化せざるを得ない状況である。それにしても、プーチンも習近平もやることがますます似てきている。先ず、両者とも復古主義とも思える言動を繰り返し、20世紀あるいはそれ以前の領土に拘泥し、周辺国を領土奪還の対象と見做して、極めて覇権主義的手法で圧力或いは侵略を行っているが、民主的な国家を望む、それらの国々の国民の意思を全く無視しているだけでなく、侵害している。

習近平はプーチンの大統領任期期限を無期にしたことに倣って、国家主席の任期期限をなくしたし、プーチンも習近平も権力維持しか考えず、周辺にはイエスマンしか置かず、将来の良い人材の芽を摘んでいるように思われる。これは国家の末期的現象と言える。自分たちの都合の良い歴史しか見ないからこうなるのだろう。
遠藤誉氏はかつて中国の政治体制を「チャイナ・セブン」と名付けたが、鄧小平時代に決めた執政2期（10年）の制限を、習近平は2018年に法改正させ、「無期」としたことで、習近平のイエスマンばかりを集め、実質上のナンバー2すら存在しない状態となり、「チャイナ・セブン」は実質死語となってしまった。

ロシア国民に限ったことではないが、国民は政治家や官僚など一部の人間に政治を占有させてはならず、もっと関心を持ち、声を上げていかねばならない。

このように、近年中国は隣国との領土・領海問題を起こし、民衆を虐げる独裁政権、軍事独裁政権を支援している情況だ。
又、以上挙げた国々のうち、朝鮮半島やベトナムの一部を除き、中国の属国であったという歴史的事実は皆無に等しい。特に、中国大陸と陸続きでない、海を隔てたエリアは中国が政治・軍事力を及ぼす余裕はほとんどなかった。なぜなら中国は常に北方や西方との紛争に最大の注意を払い続ける必要があったからだ。

よって、中国が沖縄や南沙諸島などを自国の領土と出張するのは妄言・暴言であることを改めて明記したい。

5．中華人民共和国と中華民国の関係

21世紀に入り、中国は経済的、軍事的に大きな力を付けたと同時に、周辺国への覇権行為を露わにしている。その中でも、台湾との問題が世界的な注目を集めているのは多くの人々が周知とするところだ。

先ず、近代から現代に至る中国を理解する為、台湾、つまり中華民国について確認しておく必要がある。

清朝を打倒した孫中山（孫文）をはじめとする革命家らで組織された「中国同盟会」による辛亥革命（1911年）を経て、1912年に中華民国は成立した。

ただ、宣統帝（愛新覚羅溥儀）が廃位するまで、中華民国政府は臨時政府を南京におき、大総統も代理という形をとり、孫中山がそれを務めていた。つまり、北京の清朝と南京の

中華民国が併存していたのだ。

皇帝を廃位させ、中華民国による中国統一を実現する為、宣統帝の退位と臨時約法の遵守等を条件に、孫中山は当時の中国で最大の軍事力を有し、清朝の全権を握っていた袁世凱へ臨時大総統職を譲った。

孫中山の革命における役割は、中国内外で三民主義の理解者・協力者を増やし、革命資金を調達することであった。思想的支柱であるという点においても、純粋な文人指導者であった。この点、文人でありながら八路軍を指導した毛沢東と最も異なる点だ。

袁世凱は臨時大総統就任後、責任内閣制の導入を目指す国民党（中国同盟会を改組したもの。現在の中国国民党とは異なる）の宋教仁を暗殺し、自らの軍事基盤である北京において専制体制を強化した。

こうした袁への反発から、１９１３年7月には李烈鈞らによる第二革命が起こった。しかし、反袁勢力の結集に失敗して鎮圧され、袁は正式に大総統へ就任してしまった。

そして、袁は1915年に日本が提示した「対華21ヶ条要求」を呑み、自らを皇帝とする帝政復活を宣言し、国号を「中華帝国」に改めようとした。

これに対して国内外からは非難の声が殺到し、唐継堯らが倒袁運動（第三革命）を起こしただけでなく、袁の権力基盤である北洋軍閥内部からも反感を買った。

この為、袁は翌1916年に帝政復活を取り消さざるを得ず、権威は失墜、同年6月に病死した。


袁世凱の死後（1916年）から1928年の間も、中国全土を完全に統治する「統一政府」が存在しない状態となり、軍閥の群雄割拠や英仏日等の列強諸国の租借地も増えていった。

そうした中、「対華21ヶ条要求」の撤廃を要求する五四運動（1919年）や陳独秀などが主導した新文化運動が起こった。

孫中山は1919年に中国国民党を創建し、1921年には後の国民政府の基となる革命政府を広州に樹立した。

又、孫中山は成立したばかりのソビエト連邦と接触し、１９２４年には中国共産党（１９２１年結党）党員がその党籍を保持したままで国民党への入党を認める、いわゆる第一次国共合作を行った。

しかし、孫中山が１９２５年に死去、翌年１９２６年、蔣介石が孫亡き後の国民党の主導権を掌握すると、広州を起点に北伐を開始、その過程で軍閥なども糾合していくことによって中国の統一が進められた。

１９２７年に蔣介石率いる国民革命軍が南京を占拠するが、ソビエト連邦とその指揮下にある中国共産党の扇動で、英伊仏米日の列強諸国が領事館を襲撃、民間人も虐殺した南京事件が起こった。

この事件により蔣介石は共産勢力を危険視するようになり、１９２７年４月に国共合作を解消すると、国民党内部から共産党を一掃する上海クーデターを起こし、国民政府は蔣介石の「南京国民政府」とこれに反対する汪兆銘等の「武漢国民政府」に分裂した。北伐も一時休止することになる。

しかし、劣勢の武漢国民政府は１９２７年８月19日に南京国民政府に再合流し、蔣介石の権力はより一層強固なものとなった。

1928年4月8日に蔣介石は北伐を再開、1928年6月9日には国民党軍の北京入城によって北伐が完了、同年10月10日、蔣介石は訓政実施の発布と南京を首都とする国民政府の樹立を宣言した。そして、同年12月29日には中国東北地方の軍閥指導者である張学良（1928年6月4日に日本関東軍によって爆殺された張作霖の実子）が国民政府に帰順する。

こうして、南京国民政府（中華民国）によって一応の全国統一をみたのである。


しかしながら、各地の軍閥や共産党など対抗勢力の存在、中ソ紛争（中国共産党はソ連への協力）、更には満州事変の勃発、抗日運動、国共内戦も展開され、国民党にとっては正に内憂外患の状態であった。

そうした中、張学良等による西安事件を契機に、第二次国共合作が行われ、1937年の第二次上海事変から本格的に日中戦争で国民党と中国共産党は共闘していくことになる。

第二次大戦が日本の敗戦で終了すると、国民党と中共は中国の覇権をめぐり、再度内戦を始めた。

国共内戦の結果、１９４９年に国民党が敗れ、台湾へ逃れることになったが、それまでの台湾はどういう状態であったのか。概略は下記のようなものだ。

１６８３年から１８９５年までは清朝の統治下。

１８９５年から１９４５年までは大日本帝国の台湾総督府の統治下。

１９４５年、大日本帝国の連合国への降伏により、第二次世界大戦が終わると、蔣介石率いる南京国民政府はカイロ会談（１９４３年）における取り決めを根拠に、台湾島一帯を中華民国の領土に編入。国民党政府軍は日本軍の武装解除のために台湾島を含む一帯に上陸し、10月25日に日本軍の降伏式典、台湾の「光復」（日本からの解放）を祝う式典を挙行し、台湾を統治する機関として台湾省行政長官公署を設置した。

しかし、国民党が国共内戦で敗退し、1949年に台湾へ逃れ、中華民国が台湾を直接統治し始めることになる（勿論、現在に至るまで、中共が台湾を統治した歴史は全く無い）。

そもそも台湾も中国の一部という主張と、国共内戦勝利後に中華人民共和国を設立し、国旗や国歌を別に定めたということは筋が通らない。同じ中国なら、中華民国の国旗や国歌を踏襲すべきであり、しかも、天安門に掲げられていた孫中山の自画像を毛沢東に架け替えたこと自体、中共自ら中華民国とは全く別の国を作ったと宣言したことになるのではないか。

一方、国民党も新しい国を作った中共に対して、台湾で独立を宣言し、国連にそれを認めさせれば良かったのに、彼らも一つの中国に拘ったばかりに、その禍根を残すことになってしまった。

その結果、1971年10月25日、国連総会でアルバニアが提案した中華人民共和国の中国代表権が承認されたと同時に、中華民国を国連から追放する採択がなされた。

国民党は90年代に入るまで、台湾において思想統制を行い、戒厳令（1949～87年）を敷いてきた。つまり、国民党は中共とあまり変わらないことを台湾で行っていたわけだ。

しかし、1988年に李登輝氏が本省人（台湾出身者）初の中華民国総統及び中国国民党主席に就任すると、民主化が大きく進んだ。

中台関係は断交状態が続いたが、90年代後半から台湾企業の中国への投資が増え始め、往来が活発化した。

その後、台湾で民進党が与党になると、台湾の民主化は更に加速したが、中共による台湾への政治的圧迫が強まり、現在に至る。

ここ最近、中共は台湾に対して、政治的、経済的、軍事的威嚇を盛んに行っているが、人権侵害も深刻化している。その事例として、譚璐美氏の時事通信での投稿を下記の通り挙げてみたい。


『スペインの人権団体「セーフガード・ディフェンダーズ」は、16年から19年の間に、海外で逮捕された台湾人６００人以上が中国に強制送還されたと報告した。

台湾人を中国に引き渡した国は、最多のスペインが２１９人、カンボジア１１７人、フィリピン79人、アルメニア78人、マレーシア53人、ケニア45人と続く。

その多くは、中国政府が「友好関係」を呼び掛けて引き取り、「国内問題」として中国本土へ送還した人々だ。

中国は「一つの中国」政策の下、中国と外交関係を結びたい国には援助し、台湾との断交を迫って、台湾を国際社会から孤立させようとしている。

中国政府によって次々に消えていく台湾の人々は、保護されるべき「国家」を失い、国際社会からも支援を受けられない。国際政治の「落とし穴」にスッポリはまり込んでしまったままのようだ。』（時事ドットコム「コメントライナー」より）

6．中国の国体とは何か？　中国の覇権主義の正体

戦前戦中生まれの日本人が「国体」と聞くと、「皇国」、つまり「天皇を中心とする天皇主権の国家体制」を思い起こすのではないだろうか。

「国体」とは、その国がどういう国かという、国の体制の本質を定義しようとしたもので、国のあり方を国民に知らしめることを目的としていると言える。

ここでは、これまでの内容を踏まえ、中国の「国体」とは何かという、本書の主題の一つを述べていきたい。

1～5章で挙げてきた中国の思想や中国と周辺諸国との関係史などから中国の権力者がどういう思考で、どのような歴史を歩んできたか見えてきたのではないかと思う。

中国の権力者は2000年以上もの間、法家思想と武力を以って、国民をコントロールしようとしてきた。ただ、西方や北方の異民族との抗争の中で、時には征服者になり、時

には被征服者になり、異民族や異国との接触や交流を得て、異文化を受け入れ、法家以外の思想や宗教・異文化は便宜上利用することはあっても、政治（統治）思想の根本にはしてこなかった。

又、異民族による征服や近代以降の列強諸国による侵略を通じて、狭隘な民族主義や愛国主義を徹底することで、広大な国土と国民の分裂を回避し、国内の覇権確立と領土の拡大、更には国外への覇権を企図している。

「中華統一」というと、それらしく聞こえるが、その本質は戦国時代や秦朝から続く中国大陸の覇権成就であり、その為に権力者に都合の良いルール（法家思想）と武力が必要と信じ込むようになり、権力者に都合の悪いものは弾圧・排除し、国民に余計なことを考えさせないようにしてきた。

つまり、「中国の国体」とは、人民の為の人権や自由などの何よりも中国大陸の覇権成就と国体の維持を優先し、**国体を維持する権力者の為の法律と武力が他の一切の権限より優先する体制**と言えよう。

そして、絶対権力者を祭り上げる為の法律や体制を作らないと、中国の覇権成就と維持は困難になってしまう故、21世紀になっても権力者を絶対化する体制（法律と武力）に固執しているのだ。

例えば、中国ではいまだに毛沢東の悪政を正しく評価していないだけでなく、批判することも禁じられ、全ての紙幣に毛沢東の画像が使われている。以前（封建時代）の王朝時代もその初代皇帝を常に崇め奉らねばならなかった。初代皇帝を批判することはその王朝の存在自体を否定することになり、今の中共がやっていることも以前の王朝と同じ発想というわけである。

毛沢東の悪政と言えば、史上稀に見るものとして、大躍進や文化大革命などが挙げられるが、辛子陵の著書『紅太陽的隕落　千秋功罪毛澤東』に、「『大躍進』と『文化大革命』は毛沢東の暴力社会主義の悪性の発展で、大躍進の三年間に、全国で三七五五万人（編訳者序文注(15)参照）が生きながら餓死させられた。損失は約千二百億元だった。文革の十年間に、葉剣英が一九七八年十二月十三日の中共中央工作会議の閉会式でのべたことによると、一億人が粛清され、二千万人が殺され、八千億人民元が浪費された。李先念が一九七七年十二月二十日、全国計画会議でのべた国民収入の損失五千億元を加えると浪費と減収は計一兆三千億人民元に達する。新中国の成立から毛沢東が世を去るまで、中国には内戦がなく、重大な自然災害も無かったのに、非正常な死亡は五七五五万人以上、経済損失は一兆四千二百億元に達した。近三十年の国家の基本建設の総投資額は六千五百億元だったから、二回の大難〔大躍進と文革〕がもたらした損失は、我が国の前三十年の基本建設投資総額の二倍余になる。つまり、国家建設と人民の生活改善に使うことができた貴重な資金の三分の二以上が毛沢東による災難で失われた。これがつまり毛沢東の階級闘争を根本として国家を建設しようとしたことの決算書である」（以上、『中国民主改革派の主張　中国共産党私史』李鋭著、小島晋治編訳より抜粋）と残している。

中国の為政者が国体維持の為に国民に対する弾圧を肯定している発言として、2022年1月2日付の産経ニュース（新華社＝共同）の報道を下記の通り紹介してみよう。

『中国で1989年に民主化運動が武力弾圧された天安門事件について、習近平国家主席が昨年（筆者注：2021年）11月の演説で、共産党と国家を守るための歴史的な英断だったと称賛していたことが分かった。米国と戦った朝鮮戦争と並ぶ国家的危機を切り抜けたと位置付けた。党の政治理論誌「求是」が1日伝えた。演説は昨年11月11日に党が40年ぶりに「歴史決議」を採択した際に行った。習氏は80年代末から東欧や旧ソ連で社会主義体制が崩壊し「中国でも89年に深刻な政治風波（騒ぎ）が発生した」と天安門事件に言及。「党は断固とした措置で、党と国家の生死存亡がかかる闘争に打ち勝った」と述べ、弾圧を正当化した。』

これは正に中国（漢民族）の典型的な指導者の国体維持の発想であり、この点で習近平は鄧小平の天安門事件に対する判断を称賛していることになる。

私は天安門事件の翌年（1990年）5月、ウーアールカイシ（ウイグル人）の一代前の北京の学生連盟のリーダー（漢族出身）とその前年にあった天安門事件について2日間語り合った。

彼が学生リーダーだった時に行ったデモはあくまでも学生だけで行い、学生以外の市民に参加を呼び掛けることは無かった。しかし、中共から抑えつけられ続けたウイグル出身のウーアールカイシらが学生リーダーになると、多くの市民を巻き込み、無頼漢らが公安や軍人と衝突すると、公安や軍人を殺害した事件が複数発生した。

ウーアールカイシら以前の学生連盟リーダーらはそうならないように、学生だけで秩序有る運動をしたのだ。そうしなければ、中共が武力にものを言わせるであろうことを中国人の皮膚感覚で判っていたのかもしれない。

又、ウーアールカイシら以前の学生運動は官僚の腐敗糾弾から始まったが、ウーアールカイシらは「民主」を掲げながらも無秩序で、殺人も行われたのだから、中共が「動乱」と言うのも理解はできる。

天安門事件から1年たった1990年春に、天安門前を東西につなぐ長安街を歩くと、その路傍に作られた壁の、人の頭くらいの位置に弾痕が多く残っていた。中共は当時、威嚇射撃を行ったと報道したが、威嚇射撃なら、通常は斜め上に向かって発砲するはずなのだが、壁に多く残されていた弾痕を見ればわかるように、人民解放軍兵士は地面と水平に発砲していたことが分かる。これは威嚇射撃とは言い難い。人民解放軍を贔屓目に見れば、無頼漢らが凶暴で、人民解放軍兵士は身の危険を覚え、水平射撃せざるを得なかったのかもしれない。しかし、軍隊が自国民へ発砲するという異常な光景が展開されたのであった。

いずれにせよ、如何なる理由であれ、問題は鄧小平が軍隊を使って鎮圧させたことだ。結局は鄧小平も武力で国民を殺す中国の伝統的な権力者であったということ。だから私はウーアールカイシらも鄧小平らも全く評価していない。

このような中国の権力者が弾圧を実行する根底には、大国への固執や中国は統一されるべきものという思い込みがあると言えよう。

卑近な実例を挙げると、極めて多くの中国人が中国周辺の東アジアや東南アジアの国々は中国の領土と考え、台湾も言うことを聞かないなら、我々は武力鎮圧して良いんだと、当たり前のように発言している。

では、中国も以前はモンゴルや満族に支配されていたから、中国はモンゴルや満族の領土ではないかと反問すると、彼らはそんなことは絶対に許されないと激昂するのだ。

これは近年の中共によるプロパガンダの影響（洗脳）によるものでもあるが、そういう権力者の発信に対して疑問を抱かない、鵜呑みにするのは、先に述べたような中国の長い統治により飼い慣らされた結果でもある。

中華統一とは、封建主義国家であれ、三民主義国家であれ、共産主義国家であれ、国家制度を問わず、中国の変わらない理念なので、共産主義体制でなくなっても、中国の覇権主義や独裁主義は変わらないであろう。

あの開明的な孫中山や魯迅でさえ、この中華統一は当たり前のことと思っていた。正に呪縛と言って良いのではないだろうか。


この呪縛を解くには、台湾やシンガポールなどが民主主義国家になれたように、中国も「大国主義」、「覇権主義」から脱却する必要がある。つまり、広大な領土とそれを固持する為の権力維持に拘泥する必要がなく、民主主義を実行し易い、身の丈に合った「国体」への変革が必要だ。

民主主義の本義は「人があっての国」、「一人一人の人権・権利を死守する為に国家がある」のであり、中国のような独裁国家の言う『国家あっての国民』、『国や一党の為の個人』ではない。

京都府立大学教授の岡本隆司氏は2022年8月25日付のデイリー新潮の「習近平の『皇帝化』は歴史の必然」で的を射た中国観を述べておられるので、その一部を下記の通り抜粋してみたい。

『――実際、現在の中国共産党が抱えている統治上の課題は、隋・唐以降の1400年にわたる歴代王朝が抱えてきたものと、大きくは変わっていないと思います。

結論を先取りすれば、もともと「一つの国」とはとてもいえないような広域で多元的な社会を、一元統合しようとするところに矛盾が生じる。それゆえに、中国の統治者は無理に無理を重ねて、どんどん「悪党」に堕していく。

辛亥革命で共和制になっても、共産革命で社会主義国になっても、結局、蒋介石や毛沢東といった「悪党」の独裁に陥り「帝国」化していく。今に至る中国の歴史は、そのくりかえしともいえます。

(中略)

くわえていまは20世紀以来の「国民国家」形成の課題があります。「一つの中国」を標榜して、香港に圧政を敷き、新疆ウイグルやチベットを弾圧し、台湾を力づくで併合しようとしています。

このようにして習近平はこれからも「悪党」であり続けるでしょうし、またポスト習近平が誰になろうと「悪党」にならざるをえない。これは個人の道徳的資質の問題ではなく、中華帝国を受け継いだ「中国」というシステムが必然的に統治者を悪党にしてしまうのです。

(中略)

中心至高を意味する「中国」という概念は、「一つ」「唯一無二」の意味もあわせ内蔵していますので、それは不可能だと思います。「一つ」でないと「中国」ではなくなります。台湾はさておき、新疆ウイグルやチベットなどを手放すことはないでしょう。かといって、ウイグル人やチベット人を漢人社会と調和的に統合するのが難しいことも歴史が証明しているところです。』

中国を民主化したいなら、中国を分国化して、小さな国々に分ける必要がある。何故なら、中華統一とは戦国時代・秦朝から続く中国の覇権主義に他ならないからだ。中国の権力者から見れば、中国の覇権が第一で、民主化などはそれの邪魔にしかならない。それも分からずに、中国の民主化云々しているのは中国の根本問題が全く分かっていないということだし、中国の権力者にとっては煽動家に過ぎない。

１９８９年の六四（天安門事件）時の学生指導者も病気の原因・病原も知らず、無闇に人の体を切り刻む偽医者のようなもので、民主化の役に立たなかった。もし彼らが中共を打倒できたとしても、結局は新たな独裁者を産むお膳立てをして終わっただろう。毛沢東を主席に推した人々やロシアのイェリチンのように。

では、どうすれば、中国のような独裁国家を変革できるのか？

一番必要なのは、啓蒙思想であることは間違いないが、それには先ず、その啓蒙思想の普及を許容・保障できる政治体制・国家体制を構築する必要がある。
政治的観点から言うと、旧ソ連のゴルバチョフ氏（当時ソ連大統領）が行ったようなペレストロイカやグラスノスチが挙げられ、そして更にはソ連解体（旧ソ連からの独立）も挙げられるであろう。

それならば、アメリカやインドも大国だから分国すべきではないかと思う人もいるかもしれないが、そうとは限らない。アメリカやインドは各州がある程度、独立した自治権を有しており、民主的な機能があると言って良い。比較的上手くいっているのに、理屈に合わないからと無理やり変える必要もない。だが、中国は完全に中央集権で、各省や自治区に重要な決定権はなく、民主的な体制とはお世辞にも言えない。

中国を解体する場合、自治区とは名ばかりの、新疆ウイグル自治区、西蔵自治区、広西壮（チワン）族自治区、寧夏回族自治区、内モンゴル自治区は独立。青海省もチベット族が主体だし、雲南省も多くの少数民族からなっているので、独立した方が良いかもしれない。

その他の漢民族主体のエリアはそれぞれ1～2億人ぐらいの国（10ヶ国程度）に小さく分けた方が、民主主義国家として運営しやすくなるのではないか。（1国で1～2億人もいれば、小国とは言えないが）

漢民族のエリアが分国化しても、ＥＵのような「中華経済圏」、「中華共同体」として、ある意味、ボーダレスな体制を構築することも可能だし、漢語という言語、人民元という通貨が共通しているのだから、ＥＵより上手くいくかもしれない。

中央集権化しないとコントロールできないような大きな領土や多数の人口を抱えるより、小規模であっても、民主主義国家として、人権、思想や教育の自由を保障でき、人々が思想上・精神上、健全に暮らせるような真の民主国家を構築することは、隣国間や世界の安全保障と平和にも寄与できるはずだ。

又、どうも昨今の中国の覇権行為を見ていると、どんな批判を受けても、中国の領土を広げ、世界で最も強大な国にしようとする言動を貫いているのは、後世の中国人から歴史的評価（中華人民共和国の習近平や人民解放軍の何某は偉大な英雄だったという評価）を受けたいという中国史的発想しか出来ないからなのではないか。言い換えれば、漢民族は世界史的な発想が出来ないのではないか（それ故に中華思想と言われるのだが）。

つまり、現在の中国が主張する歴史観とは、近世に出来た「共産主義的唯物史観」などではなく、根底では、古より続く中国的大国史観に支配されていると思われてならない。こうした「大国主義史観」は中国の覇権主義という病原の一つになっているのではないだろうか。

又、中国では軍隊の力が非常に強く、当時主席であった胡錦涛や首相の温家宝が海外訪問の際に、軍隊が無断で領海侵犯などを行い、友好ムードに負の影響を及ぼしたのは記憶に新しいし、米国などの領空への熱気球を使っての偵察行為も中国軍部の独走という説もある。

これは日本の第二次大戦辺りの軍部独走と奇しくも似ており、極めて危険な状態が続いていると考える。

こういう国に対しては単なる警戒だけでなく、軍事政権に対する制裁措置を適用する必要があると考える。それにより、軍部の力も削ぎ、将来の危険性を排除或いは最小化する効果を期待するものである。

将来、中国が分国化し、それぞれが真の民主主義国家となったら、こうした覇権主義、大国史観、狭隘な民族主義、利己主義と決別し、世界の平和に貢献してもらいたい。

勿論、民主主義国家への移行の過程で避けなければならないのは、内紛・内戦である。中国では常に内紛・内戦によって権力の移行が行われてきたし、多くの中国人は武力革命以外に中国の政治体制を変えることはできないと考えているが、如何に平和裏に健全な民主主義に移行できるか、彼らの本当の智慧・英知が試されることになろう。

7. 国連改革
――覇権主義・大国主義の増長に対して如何に楔を打ち込むか？

2022年8月2日に米国下院議長であるナンシー・ペロシ氏が訪台した。それは前下院議長であったニュート・ギングリッチ氏の訪台以来25年ぶりのことであったが、ギングリッチ氏は数時間の滞在だったのに対して、ペロシ氏の滞在は2日間にわたり、蔡英文総統とも会見を行った。

一方、これに対して、中共は台湾製品の一部輸入禁止、中国空軍機27機の台湾防空識別圏への侵入、台湾付近での十数発のミサイル発射（うち5発は日本の排他的経済水域＝EEZ内に落下）などの実弾演習を行ったことで緊張が高まった。

常日頃挑発行為を続けている中国は自分のことは棚に上げ、米国の訪台をこの上ない挑発行為と非難したが、この好戦的反応は世界の中国に対する印象を更に悪化させたと言えよう。

中国の意に反する国々に対する威嚇や覇権行為が顕著になり、中国に対する印象や見方も変わりつつある。しかし中国のそういう行為は経済力がついて、中国が急に変わったわけではなく、遥か昔から中国が有している、変わらないものが顕在化したに過ぎない。

中国の覇権主義・大国主義は２０００年以上の歴史を有し、変えるのが容易でないだけでなく、中国国民による自浄作用も難しいと思われる。長い年月を経て、権力者に文句が言えないように飼い慣らされてしまったからだ。

多くの中国人は今の中国が変わるには選挙による政権移譲などありえず、武力革命しかないと認識している。これまでの中国が経てきた歴史を踏まえて、そう考えることしかできないのであろう。しかし、武力による革命は下策であり、人道的にも、経済的にもそういう選択をとるべきではない。武力で事をなそうというのは20世紀も含めた過去の歴史や教訓から何も学んでいないことになる。

そうなると、外からの大きなインパクトが無いと、凝り固まった不純物を排出することは難しいであろう。では、どうすればいいのだろうか？

現代の戦争は、武力だけではなく、情報戦、経済戦などがあり、これは先に述べた過去の教訓から学んで得たものと言えるかもしれない。

情報戦には啓蒙も含んでいいと思うが、より進んだ思想の普及は根気と時間を掛けて進めていくものだ。

経済戦は情報戦に比べると分かり易いが、既得権益に絡む集団の妨害に遭い易い。そういう意味で、既得権益に絡む集団への啓蒙も必要になってくるわけだが、こういう場合、政治、更に言うと民意がこのような集団をリードできるか否かがポイントになる。例えば、政府による経済制裁、国民による中国製品や中国との既得権益に絡む企業製品の不買運動による圧力などが方法として挙げられよう。

しかし、現在、軍事的にも経済的にも大きな力を持ち、他国へ覇権行為を繰り返している中国のような国の覇権行為を阻止するには、一国で対抗するのは困難だし、阻止するにもそれ相応の代償を要求されるかもしれない。

しかも、中国だけでなく、ロシアや北朝鮮も相手にしないといけないのだから、「肉を切らせて骨を断つ」意志と断固とした行動が伴わないと、既得権益にしがみ付いている間に、覇権国家に蹂躙されてしまうことになろう。

ちなみに、ロシア、中国、北朝鮮等覇権主義・非民主主義国家が地続きになっているエリアを、私は『アンチデモクラシー・プレート』と呼んでいる。

最近、ＱＵＡＤ（日米豪印）やＡＵＫＵＳ（豪英米）、ＩＰＥＦ（インド太平洋経済枠組み）などの新たな枠組みができたが、各国の姿勢に温度差があるように思われ、中国にとって十分な脅威となりえていないのではないか。特に、フランスを除く欧米諸国の中国に対する態度が比較的硬化しているのに対し、日本の態度はあまりはっきりしていない。日本は元来、反目や争いを好まず、中国への経済的依存が強いこともあって、対中制裁では精彩を欠いている。

しかし、日本は民主主義を掲げる以上、中国への積極的な経済制裁を行うべきだ。中国との経済関係など近視眼で物事を見ず、将来、民主主義を守るために行動した国として、世界から評価される国になることを志向するべきであろう。

その他、「債務の罠」にはまっている、あるいはその予備軍である東南アジアやアフリカなどの国々とも共闘することが望ましい。

しかし、中国は民主国家間に位置する国々に経済交流などで関係を強化し、欧米の分断を図ろうとしている。

最近では、中南米、ソロモン諸島、更にサウジアラビアとイランとの関係改善の間に入り、中東とも関係が強化されつつある。それらは西欧、米国、豪州をつなぐラインの間にある国々で、中国のこれらの国々との接触は民主主義国の連携を断つような形になっており、まるで囲碁を打っているようだ。

一方、グローバルサウスエリアでは、これまでの欧米の傲慢なやり方への反発が大きく、その反動から中国やロシアへの接近や連携を強めている国々がある。

欧米はこれまでのやり方を改め、早急にグローバルサウスエリアとの外交関係を立て直し、協力関係を構築する必要があるし、アメリカはイスラエルのパレスチナ入植（侵攻）

に対する黙認ととられるような対応は改めるべきであろう。

本書の冒頭の方で、中国の思想は宗教や哲学というより、どちらかと言えば、処世術に近いと述べたが、多くの中国人は現実的で、思想より処世術を重視する傾向にある。利害・損得は彼らの大きな価値基準と言える。その意味で、北京冬季五輪へのボイコットは中国のメンツを潰すことは出来たかもしれないが、天安門事件後の経済制裁のような、中国が一番嫌がる経済的損失を与えることの方が効果的であったと思う。鄧小平が保守派の抵抗を受けながらも、経済の開放改革を力技で進めざるを得なかったのは、中国人の損得という価値基準を反映したという一面もあると思う。

よって、多くの国が中国に対して経済制裁を行うことは、中国の国力を削ぐだけでなく、中国人の価値観へ大きな打撃を与えることができるはずだ。中国にこれ以上余力を与えないためにも、対中経済制裁は早ければ早いほど良い。

更に、世界の平和と共生へ向け、国連という存在を如何に最大限に機能させていくかが重要だ。

国連は本来、大国の都合で動くべきものではなく、全ての加盟国が対等な発言権を有し、討議を通じて世界の諸問題を解決する重要な機関である。

例えば、一つの国において、納税額の多少に関わらず、全国民に対して、平等な権利を保障しなければならないし、全ての国民は国の法律に従わねばならないが、国連においても、拠出額の多少や常任理事国であるかどうかにかかわらず、加盟国の権限は平等であるべきで、国連加盟国は国連で決まったことを順守すべきだ。もし順守できなければ、加盟国はおろか、理事国や常任理事国になる資格をなくすべきと考える。

国連を世界の国会と考えれば、国連及び関連機構で決議された結論は加盟国に対して拘束力を持たせるべきで、そうすれば、中国のように国際的なルールや決議を「紙屑」呼ばわりするような傲慢な行為は少なくなっていくだろう。

そして、昨今の中国の覇権行為に対して、国連という国際機関による中国批判と台湾に対する国際的立場の回復の支持を強めていくことは中国の覇権行為を広く認識させることにもなり、言い換えると、中国人にとって損得と同じくらい重要なメンツに打撃を与えることにもなる。

更に、国連の常任理事国とその拒否権を撤廃することは、中国だけに限らず、覇権主義・大国主義の増長を抑える上で急務だ。それには、常任理事国である米英仏中露以外の加盟国が国際世論を喚起し、米英仏露を動かさねばならない。常任理事国という制度を無くすことは、国連における公平さや公正さを実現する上で、絶対に必要であり、拒否権を撤廃することは国際問題を解決する為に必要不可欠な条件だ。

中国に大国主義・覇権主義から決別させるには、米英仏露も大国主義・覇権主義から決別してもらわねばならない。その意味で、米国など戦勝国がヤルタ会談や極東裁判などで進めた密約や機密文書、歴史的真実を自ら公表することで、現在に至る大国主義・覇権主義の流れを転換してもらいたい。

8．「地球＝人体」論　――世界の調和と平和へ向けて

「地球市民」あるいは「地球民族主義」（創価学会第2代会長戸田城聖氏が1950年代に提唱）や「宇宙船地球号」（バックミンスター・フラーが1967年頃に言及）という概念が知られるようになって久しい。

「地球市民」、「地球民族主義」、「宇宙船地球号」とは、地球は一つであり、偏狭な民族主義に陥らず、人種・国籍・思想・歴史・文化・宗教などの違いを乗り越え、友好・共生・平和を志向したものだ。ただ、いまだに人種差別や前世紀的な大国主義・覇権主義国家は存在し、その理想の実現はまだまだ遠いように思われてならない。

実際、アジアやヨーロッパ、グローバルサウスでロシアや中国に追従する国も少なくない。

その目的は、経済発展する中国からの投資目当て、歴史的経緯によって欧米の民主主義や自由主義を独善的として反発、独裁を試みる者たちが自己の権力基盤を盤石にする為、

権威主義に近づき利用している、などが考えられるであろう。

例えば、ハンガリー。

同国は共産主義体制下の圧政の反動から民主主義を渇望し、ソ連崩壊後にハンガリー人民共和国からハンガリー共和国となって、自由主義国体制へ移行し、１９９９年にＮＡＴＯに加盟（オルバン首相）、その５年後の２００４年にはＥＵ加盟も果たす。

ところが、ロシアのウクライナ侵略が起こると、首相のオルバンはウクライナを非難、ロシアを訪問し、天然ガス供給を取り付けた。

オルバンは元々、民主活動家で、１９９８年から２００２年まで首相を務め、２０１０年５月から再び首相を務め、現在に至っている。

私から見ると、オルバンは最初の頃は民主主義の闘士として、名を売ったが、権力を握り続けるうちにそれに溺れ、これまで主張してきた民主主義から権威主義の利用へ衣替えし、権力の維持を図っているように見える。現に、同国内の報道規制が進み、小プーチン、小習近平と言いたくなる。

ところで、世界（と言っても一部の民主主義国家が多いようだが）の中国に対する印象調査の最新版を見ると、西欧諸国の対中印象は「悪い」や「いいとは言えない」という意見が増加傾向にあるようだ。

２０２２年10月2日に放送されたＴＢＳの「サンデーモーニング」で、「中国をどう思うか」という欧米日などの19ヶ国での調査結果が紹介された。

19ヶ国中16ヶ国で5割以上が「好ましくない」と回答、そのうち、スウェーデンで83％、オーストラリアで86％、日本は87％という結果だった。

又、２０２３年5月3日付パリ時事によると、『国際ジャーナリスト団体「国境なき記者団」（本部パリ）は3日、世界１８０カ国・地域を対象に、報道の自由に関する２０２３年のランキングを公表した。欧州勢が上位を占める一方、最下位は2年連続で北朝鮮。昨年１７５位だった中国は順位を下げ、ワースト2位の１７９位となった。同団体は中国が「ジャーナリストにとって世界最大の監獄だ」と非難した。1位は7年連続でノルウェー、2位はアイルランド（昨年6位）、3位にはデンマーク（同2位）が入った。日本は昨年の71位から68位に順位を上げた。ウクライナ侵攻を続けるロシアは、独立系メディアの国外脱出を受けて「政府系メディアによるプロパガンダの流布」が拡大し、164位（昨年155位）に後退。ウクライナは79位（同106位）に順位を上げた。』とあるように、独裁国家は言論弾圧が進み、腐敗がより鮮明になっているように思われる。

米世論調査機関「ピュー・リサーチ・センター」が2023年7月27日発表した「中国のグローバルイメージに関する調査報告書」によると、24ヶ国の国民の3分の2が中国に対する否定的な認識を示していると発表した。

回答者の67％が中国に否定的で、肯定的に見ているという回答は28％に留まった。これは前年とほぼ同じ数値（前年では19ヶ国が対象で、中国に否定的な認識を持っていると答えた人は68％、肯定的な認識を持っているという回答は27％）だった。

ピュー・リサーチ・センターは2002年から中国に対する認識調査を行っており、今年は韓国や米国、日本、インドなど24ヶ国の国民3万人余りを対象に2023年2〜4月に調査を行った。

韓国では、中国に否定的な認識を持っている人の割合は77％で、前年の80％から減少した。韓国の反中世論は２０１５年の37％から２０１７年には61％に急激に高まり、２０２０年75％、２０２１年77％と持続的な増加傾向にあったが、今年はやや減少した。

インドとブラジルの中国に対する認識は数年間で大きく悪化した。インドの場合、２０１９年の調査で中国に対する否定的な認識が46％だったが、今年は67％で21ポイント増えた。ブラジルも２０１９年の27％から今年は48％へと21ポイント急増。南アフリカも同期間中、35％から40％へと否定的な認識が高まった。インドとブラジル、南アフリカ共和国は、２０００年代から中国、ロシアと共にいわゆる「ブリックス（ＢＲＩＣＳ）」と呼ばれ、２００９年からは首脳会議を開いている中での変化である。

中国に対する否定的認識が80％を超える国は４ヶ国で、スウェーデン85％、オーストラリア87％、米国83％、日本87％だった。70％以上はカナダ79％、フランス72％、オランダ77％、ドイツ76％、韓国77％の５ヶ国だった。

又、中国が世界の平和と安定に貢献していると思うかという質問に、「そう思わない」と答えた人は71％、「そう思う」という回答は23％だった。特に韓国の場合、この質問に対する否定的な回答が87％で、24カ国のうち最も高かった。

中国の習近平国家主席を信頼するかという質問には、「信頼しない」という回答が74％で、前年の76％より減少した。

世界平和を目指す目的は、安全で健全な生活、経済活動などを行う土壌を作ることであるが、取りも直さず我々人間が人間らしく生きていく為で、それを実現するには健全な社会が必要だ。健全な社会とは、物質的充足や高度な医療体制があれば実現できるというわけではなく、健全な思想があり、表現や報道の自由と議論の場があり、価値を高め合い、共感し合い、人々の知恵によって、より良くなっていくことができる社会である。その為に健全で自由な教育も保障されなければならないし、そういう社会を目指す理想が利己主義や覇権主義の前に膝を折るようなことがあってはならないと思う。

２０１１年3月11日に起こった日本の東日本大震災後、福島原発がメルトダウンし、放射能が漏洩した。地震と津波が要因であったが、その後の対応を調べていくと、政府や官僚、東電による人災という側面もあることが分かってきた。日本政府は真摯に国内外へ十分な説明を行い、東北の復興・開発を急ぐべきである。

一方、福島県民の不断の努力（生産物の全品検査など）を通じて、安全供給を実現している。

汚染水の放水についても、ＩＡＥＡの調査受入と協力を通じて、汚染水の放射線濃度を基準よりも薄めることで問題は無いという結論が出たにもかかわらず、中国や朝鮮半島では理不尽な批判や日本からの農産物の輸入品全品検査から日用品に対する輸入品に対する全品検査を行う（批判や輸入規制を行うに至ったデータを基にした根拠は無い）など、政治問題化している。

このような中国に対して、世界は中国拠点の引き上げを急ぐべきであろう。覇権主義国には投資をしないという意志を明確にする必要があると考えるからだ（特に、日本の外務省データによると、２０２０年10月１日の時点で、中国にある日系企業は３３３４１社で、１位の在米８９３０社、３位の在タイ５８５６社をはるかに上回り、過度に偏っている）。

現在、外国企業は従業員に対する保証だけでなく、２年くらいの時間と費用を掛けないと、中国から撤退できないという嫌がらせを受けている。もし、有事の場合、撤退したくなっても、更に難しいことになるのは間違いないであろう。

中国は韓国や日本に対して、同じアジアであるとか、欧米のデカップリングに協力するなと自国に都合の良いことだけを並べ、実際は輸入規制や領海侵犯などをずっと行っている。

このような、この上ない傲慢で無礼なやり方・非道に対して、へらへら笑って、見逃していいはずはない。

中国がこのような振る舞いを猛省し、完全に改めるまで、欧米日などは一致して、戦争を回避する手段として、国際世論の喚起と経済制裁を行い、中国の覇権主義を抑えるべきだ。

さて、「地球民族」という大きな視点を少し変えてみてみると、「地球」と「地球に住む人々や国々」は「一人の人間の体」と「人体を構成する細胞や器官」に譬えることができないだろうか。

人体は脳、目、耳、鼻、口、心臓、肺、胃、腸、手、足など様々な器官とそれらを作る細胞から成り立っている。これらの器官や細胞に不必要なものはなく、これらはそれぞれが果たすべき役割を担っており、ある器官が他の器官にとって代わることはないし、他の器官の役割を奪うこともない。

地球上に住む人々も民族も国も、それぞれの地域にあって、その環境に適合し、文化を育み、その場所だからこそ生まれたものであり、そして、その場所でしか生産できないものもある。それは、人体の各器官や細胞にそれぞれの役割や存在意義があるということと似ていないだろうか。

「人体は小さな宇宙」とも言われるが、「個々人＝個々の細胞」、「各民族・国＝各器官」、「地球＝一人の人体」という対比が成り立つとすれば、人間の細胞や各器官のように、様々な民族や国が独自の文化や生産物を生み出し、お互いを補い合い、協調し、他の民族や国を尊重し、侵すことをしない、こういう意識・認識で地球と他の民族や国のことを考えることは、「地球市民」、「地球民族主義」という考え方と本質的に同じことであり、かつ地球民族という表現より、地球や他の民族や国をより身近で切実な存在として感じ、認識することができるのではないだろうか。

利己主義や狭隘な民族主義は傲慢かつ他者への侮蔑と非寛容さと根を同じくし、覇権主義は他民族や他国の文化とそれらに住む人々の人権も侵害していく。

他も自分と同じように、この世界に欠くべからざる尊い存在と見なし、尊敬と理解に努めるならば、他者を侵害することなく、補完し合い、共生と平和の実現に近づいていけるであろう。

又、馴れ合いや打算だけでは、真の友情を築けないのは人間だけではなく、国家間でも同じだと思う。本当の友好を築くには、相手の良くないところがあれば、しっかりと指摘し、それを聞いた相手がそれを謙虚に受け止め、変えていく努力をしていく——そういうことは真の友人関係を築くに当たって大切な要素だと思う。

もし、自分の都合の悪いことには耳を貸さず、却って、忠告してくれた相手に制裁を加えるようであれば、日頃唱えている友好は嘘っぱちなのだ。

個々の自由や人権の尊重、他民族・他国の存在や文化を尊重し、友人・友好関係を築くには、様々な思想と論議を認める寛容な風土、政治体制が必要だが、それには個々人がそれらを切望し、勝ち取る為の努力を継続することが求められる。

一方、中国、ロシア、北朝鮮ら独裁国家・覇権主義国家がその連携を強化している中、他の民族や国々に対する侵略などは倫理的にも思想的にも病的なものと看做し、世界の心ある人々や政府がそのような病原の拡散を抑える為の行動が必要だ。

世界の各民族・各国の理解と信義と協調と共存を永続させる土台としての民主主義とは反対のベクトルにある利己主義、覇権主義、独裁主義、そして大国主義と戦っていくことは避けられず、これらのネガティブな勢力が台頭しないよう、国際間のルール作りと順守させる厳格な姿勢を示していかねばならない。

先に述べた、政治や国連と言っても、人々が何を心に抱いて行動していくかが重要である。どんなに詭弁を弄しようとも、人も組織も国も何を行っているかで評価される。『我々は民主的だ』、『覇権主義を唱えない』あるいは『民主と人権を守る』などと言っていても、実際の行いを見れば明らかだし、歴史に残ってしまう。
我々はこれまでの歴史から学び、現在の我々自身を内省し、人権・自由・民主そして平和という過去の人々が命懸けで現在に繋げた理想・思想を現在と将来の子孫達のためにも必死に貫き、実現へ向かって歩み続けていかねばならない。

ロシアがウクライナを侵略してから、ウクライナ人のロシア人に対する憎悪は老若男女を問わず、増えている。かつて日本軍が中国や朝鮮を侵略した結果、いまだに憎悪が残っている。たとえ、侵略できたとしても、憎悪がある以上、人心を得ることは難しい。侵略は何の利益も生まない。

そして、核兵器の問題をどう解決していくか？
ロシアのウクライナに対する核兵器使用の示唆やアメリカの広島・長崎への原爆攻撃の正当化など、核兵器による威嚇や使用は国際間の信頼関係を破壊し、生存権への最大の脅威となる。いかなる理由があろうと核兵器を使用することは悪であり、使用禁止を目指すだけでなく、所有を段階的に減らし、最終的に無くしていかなくてはならない。その道が遥か彼方のように思えたとしても、我々は決してこの目標をあきらめてはならない。

いま世界で起こっていることを我々はちゃんと直視しよう。子供たちが悲しむ姿、未来ある若者たちが権力者たちの駒とされて、尊い命を失う悲劇、子供や孫を失い、慟哭する婦人たちの姿に心が痛むなら、政治家も政治を監視する側の国民も戦争や国家間のエゴを決して許してはならない。政治家をはじめ、大人たちが子供たちを平和な社会の中で健康に成長できるようにすることを第一義に据えることが出来るようになれば、戦争は無くなっていくであろう。

アメリカの作家、パール・バックは、1945年、毎日新聞紙上に下記のように寄稿した。

「民衆が自由で独立的で自治的である国は如何なる国でもつねに善なる人々と悪なる人々との間に闘争の行われる国である。もしこの闘争が存在しないならそれは暴君が支配して善き人々が力を失っていることを意味する」

「善なる人々の声は悪なる人々の声よりもより数多く、より明瞭でなければならない」

現状に拘泥し、無理だと思い込んでいる人が世界には多いかもしれない。しかし、社会システムを作ったのも人なら、変えられるのも人なのだ。

又、南アフリカ共和国のネルソン・マンデラ元大統領は同国民に『我が国の人々の意識に、自分たちがお互いのために、また、他者の存在があるゆえに、その他者を通じて、この世界で生かされているのだという、人間としての連帯感を改めて植え付けることが、私たちの時代の課題の一つだ』と訴えた。

「一人の人体＝地球」という点から言っても、結局は地球上の一人一人が他者・他民族・他国も欠くべからざる大切な存在として、理解と共生へ努力していくことが地球的変革を可能する、と考える次第である。

末尾に、20世紀の逸話を紹介して終わる。

『ニーメラー牧師は何千人もの人々の前に、彼自身のことを（あまりにも謙虚に）こう語った。

ナチスが共産主義者を攻撃した。彼はやや不安になったが、彼は共産主義者ではなかったので、何もしなかった。

そして彼らは社会主義者を攻撃した。

彼は不安だったが、社会主義者ではなかったので何もしなかった。

それから学校が、新聞が、ユダヤ人が、となり、彼はそのたびに不安になったが、やはり何もしなかった。

そして彼らは教会を攻撃した。彼は教会の人間であった。

だから彼は何かを行なった。しかし、それは遅過ぎた。』

あとがき

江沢民が1990年代に中国で始めた反日教育は2000年代に入ると、目に見える形で、中国の広範な人々の深層心理に至る対日感情に負の影響を与えた。それまで日中友好の為に尽力した人々、特に日本人にとっては辛い時代に入ったと言えるだろう。

なぜなのか？

ここ数十年、中国と肌で接しながら、思索を繰り返す中で、中国の（経済面に限定された）開放改革から現在に至る期間だけでなく、中国の長い歴史を俯瞰していると、その本質ははっきりと見えてくるように思われる。

そんな思索をしてきたことを文章にまとめ始めて、2年程が経ち、この度、風詠社という、私のような執筆の素人を好意的な条件で応援されている出版社のサポートを頂き、何年もの間考えてきた内容に、最近のトピックスを盛り込みながら、自費出版という形で本にできる機会を与えて頂いたことは大変うれしいことであり、誠に有難いことと思っている。

風詠社代表取締役大杉剛氏、編集にあたっていただいた富山公景氏、校正の方々他ご指導とご協力に改めて感謝申し上げたい。

私は専門家でなく、平凡な一市民であり、本書の内容には勉強不足で至らない点や正確でない点も多々あろうかと思うので、多くのご指摘やご批判を頂ければ幸甚であり、何より、本書を通じて、多くの方々が中国や世界に対して更に興味や関心を持っていただければ、望外の喜びである。

以上

２０２３年　某所

著者　June Chee

参考文献ほか

・〝華夏族〟DBpedia より
・小倉芳彦『春秋左氏伝』（岩波文庫）岩波書店
・浅野裕一『諸子百家』（講談社学術文庫）講談社
・〝法家〟Wikipedia より
・〝チワン族〟Wikipedia より
・〝回族〟コトバンクより
・〝満洲民族〟Wikipedia より
・〝ウイグル〟Wikipedia より
・〝新疆ウイグル問題―日本大百科全書（ニッポニカ）〟ジャパンナレッジより
・サイラグル・サウトバイ／アレクサンドラ・カヴェーリウス著、秋山勝訳『重要証人：ウイグルの強制収容所を逃れて』草思社
・【本ナビ】本のソムリエの一日一冊書評（2022年1月22日公開）

・〝チベット民族〟Wikipedia より
・産経新聞（２０２１年11月25日）
・〝朝鮮族〟Wikipedia より
・〝中国とラオスの関係〟Wikipedia より
・〝ミャンマーの歴史〟Wikipedia より
・〝中華民国の歴史〟Wikipedia より
・伊藤潔『台湾：四百年の歴史と展望』（中公新書）中央公論社
・譚璐美〝中国で人が消えていく、日本人も台湾の人たちも【コメントライナー】〟時事ドットコム（２０２１年12月27日）
・李鋭著、小島晋治編訳『中国民主改革派の主張　中国共産党私史』岩波書店
・〝習氏、天安門弾圧を称賛「国家守った英断」と演説〟産経ニュース（２０２２年１月２日、新華社＝共同）
・〝「習近平の『皇帝化』は歴史の必然」――中国史の第一人者が暴露した「悪党を生み出す中国というシステム」〟デイリー新潮（２０２２年８月25日、岡本隆司氏へのインタビュー）

・「中国をどう思うか」：TBSサンデーモーニング（2022年10月2日）
・「国境なき記者団による報道の自由に関する2023年のランキング」：〝中国は「世界最大の監獄」＝報道の自由でワースト2位―国境なき記者団〟時事通信ニュース（2023年5月3日）
・「ピュー・リサーチ・センターの中国のグローバルイメージに関する調査報告書」：〝「24カ国の国民の3分の2が中国に否定的…韓国は77％」〟HANKYOREH（2023年7月31日）
・海外に投資している日系企業数（2020年10月1日時点）：「海外進出日系企業拠点数調査（2020年）」外務省
・「地球民族主義」：戸田城聖により提唱（1952年2月17日）
・「宇宙船地球号」：ヘンリー・ジョージ『進歩と貧困（原題：*Progress and Poverty*）』より。ほか、リチャード・バックミンスター・フラー『宇宙船地球号操縦マニュアル（原題：*Operating manual for Spaceship Earth*）』、ケネス・E・ボールディング「来るべき宇宙船地球号の経済学（原題：The Economics of the Coming Spaceship Earth）」など。
・「民衆が自由で独立的で自治的である国は如何なる国でもつねに善なる人々と悪なる人々との

間に闘争の行われる国である。もしこの闘争が存在しないならそれは暴君が支配して善き人々が力を失っていることを意味する」「善なる人々の声は悪なる人々の声よりもより数多く、より明瞭でなければならない」：パール・バックの毎日新聞への寄稿（１９４５年）

・「我が国の人々の意識に、自分たちがお互いのために、また、他者の存在があるゆえに、その他者を通じて、この世界で生かされているのだという、人間としての連帯感を改めて植え付けることが、私たちの時代の課題の一つだ」：アントニオ・グテーレス国連事務総長が２０２０年7月世界保健機関（ＷＨＯ）で行った講演の結びにネルソン・マンデラ氏の言葉を引用。

・「我々は自由だと思っていた」：ミルトン・マイヤー『彼らは自由だと思っていた（原題：*They Thought They Were Free: The Germans, 1933-45*）』（未来社）より。ドイツ人の教授からニーメラー牧師の行動について聞いた話を記載。元々は、マルティン・ニーメラーが１９４６年頃から教会で語り始めた内容が伝わったものとされる。

June Chee

中国と関わり続け、覇権主義や大国主義を根幹にした国家のあり方に、世界の平和や幸福はあり得ないという考えを出発点として、ここ十数年思索した内容を、昨今の状況を踏まえて、世に問いたいとの思いから本書を執筆。

中国の覇権主義 －中国の国体とは－

2024年1月16日　第1刷発行

著　者　June Chee
発行人　大杉　剛
発行所　株式会社 風詠社
〒553-0001　大阪市福島区海老江5-2-2
大拓ビル5-7階
TEL 06（6136）8657　https://fueisha.com/
発売元　株式会社 星雲社
（共同出版社・流通責任出版社）
〒112-0005　東京都文京区水道1-3-30
TEL 03（3868）3275
装幀　2DAY
印刷・製本　シナノ印刷株式会社

ISBN978-4-434-33226-5 C0031